Hansjakob Becker, Anne-Madeleine Plum (Hrsg.)

Alltäglich

Außergewöhnliches aus zwei Jahrtausenden:
Mit Zeitzeugen und der Bibel durch das Jahr

Hansjakob Becker
Anne-Madeleine Plum
(Hrsg.)

Alltäglich

Außergewöhnliches aus zwei Jahrtausenden:
Mit Zeitzeugen und der Bibel durch das Jahr

echter

„Glauben heißt:
Die Unbegreiflichkeit Gottes
ein Leben lang aushalten.“

Karl Rahner

„… doch Deine Spuren
erkannte man nicht“

Psalm 77,20

INHALT

52 Zeugen im Portrait

begleitet von Zitaten vieler weiterer Zeugen

Maria, die Mutter Jesu

Du bist gebenedeit unter den Frauen, und gebenedeit ist die Frucht Deines Leibes, Jesus. Heilige Maria, Mutter Gottes, du bittest für uns Sünder, jetzt und in der Stunde unseres Todes.

SO	*Gott ist nichts unmöglich. Ich bin die Magd des Herrn; mir geschehe, wie du es gesagt hast.* **Lukas 1,37-38**	Warum lacht Sara und sagt: Soll ich wirklich noch gebären, obwohl ich so alt bin? Ist denn beim Herrn etwas unmöglich? Genesis 18,13
MO	*Auf die Niedrigkeit seiner Magd hat er geschaut. Siehe, von nun an preisen mich selig alle Geschlechter.* **Lukas 1,45.48**	In jedem Volk, das deinen Namen hört, wird deinetwegen der Gott Israels gepriesen werden. Judith 13,31 (Vulgata)
DI	*Maria aber bewahrte alle diese Worte und erwog sie in ihrem Herzen.* **Lukas 2,18-19**	Wenn das zu wunderbar ist in den Augen des Restes dieses Volkes in jenen Tagen, muss es dann auch in meinen Augen zu wunderbar sein? Sacharja 8,6
MI	*Es wird ein Zeichen sein, dem widersprochen wird.* **Lukas 2,35**	Darum wird euch der Herr selbst euch ein Zeichen geben: Siehe, die Jungfrau hat empfangen, sie gebiert einen Sohn und sie wird ihm den Namen Immanuel geben. Jesaja 7,14

Ihr Freunde Gottes, allzugleich,
verherrlicht hoch im Himmelreich,
erfleht am Throne allezeit
uns Gnade
und Barmherzigkeit.

GL 542,1
T: Köln 1623

Kind, warum hast du uns das angetan? **Lukas 2,48-50**	Mit ganzem Herzen ehre deinen Vater und vergiss nicht der Mutter Wehen! Erinnere dich, dass du durch sie geworden bist. Jesus Sirach 7,28	DO
Selig der Schoß, der dich getragen, und die Brust, die dich gestillt hat! **Lukas 11,27-28**	Von Herzen freue ich mich am HERRN. Meine Seele jubelt über meinen Gott. Denn er kleidet mich in Gewänder des Heils. Jesaja 61,10	FR
Sie alle verharrten dort einmütig im Gebet, zusammen mit den Frauen und mit Maria, der Mutter Jesu, und seinen Brüdern. **Apostelgeschichte 1,14**	Freu dich und frohlocke von ganzem Herzen, Tochter Jerusalem. Der König Israels, der HERR, ist in deiner Mitte. Zefania 3,15	SA

▷ **Stephanus, der Diakon** ▶

Stephanus, der Diakon

Stephanus, Diakon der Gemeinde in Jerusalem, stellt sich stellt sich in die Tradition der Propheten, Ignatius verkörpert apostolische Kontinuität. Nachahmung Christi bestimmt Leben und Sterben der Märtyrerbischöfe, Philosophen und gelehrten Schriftsteller.

SO	*„Vergib, o Gott, sie wissen nicht, was sie jetzt tun an deinem Knecht!“ So betet er, wie einst der Herr, für seine Mörder noch im Tod.* **Festum celebre martyris**	Sie trieben ihn zur Stadt hinaus und steinigten ihn. Die Zeugen legten ihre Kleider zu Füßen eines jungen Mannes nieder, der Saulus hieß. Apostelgeschichte 7,58
MO	*Weizen Gottes bin ich, gemahlen von den Zähnen der Bestien, damit ich reines Brot Christi werde.* Ignatius von Antiochien	Amen, amen, ich sage euch: Wenn das Weizenkorn nicht in die Erde fällt und stirbt, bleibt es allein; wenn es aber stirbt, bringt es reiche Frucht. Johannes 12,24
DI	*Die Fesseln, die ich für Christus trage, sind die Perlen meiner Auferstehung.* Ignatius von Antiochien	Jedoch bezeugt mir der Heilige Geist von Stadt zu Stadt, dass Fesseln und Drangsale auf mich warten. Apostelgeschichte 20,23
MI	*Jetzt fange ich an, ein Jünger Jesu zu sein.* Ignatius von Antiochien	Ein Jünger steht nicht über seinem Meister und ein Sklave nicht über seinem Herrn. Matthäus 10,24

Wer leben will
wie Gott auf dieser Erde,
muss ***sterben wie ein Weizenkorn,***
muss sterben, um zu leben.

GL 460,1 / EG Hessen-Nassau 546,1
T: Huub Oosterhuis 1965
(Ü: Johannes Bergsma 1969)

DO

In der Kraft Christi halte ich das Feuer aus, auch ohne dass ihr mich annagelt.
Polykarp von Smyrna

Dadurch soll sich eure Standfestigkeit im Glauben, die kostbarer ist als Gold, das im Feuer geprüft wurde und doch vergänglich ist, herausstellen.
1. Petrusbrief 1,7

FR

Ja, wir sind Christen.
Clemens von Alexandrien

Jeder, der sich vor den Menschen zu mir bekennt, zu dem werde auch ich mich vor meinem Vater im Himmel bekennen.
Matthäus 10,32

SA

Sooft ihr uns ausrottet,
werden wir zahlreicher,
denn das Blut der Christen
ist Saatgut.
Tertullian

Sie gehen, ja gehen und weinen
und tragen zur Aussaat den Samen.
Sie kommen, ja kommen mit Jubel
und bringen ihre Garben.
Psalm 126,6

▷ **Origenes** ▶

▶ 185 – 254 ▷ Origenes

Ein unermüdlicher Lehrer muss Origines gewesen sein. In Alexandria, der ägyptischen Weltstadt mit drei Häfen, stehen ihm zeitweise bis zu sieben Kopisten zur Verfügung, die seine einflussreichen, aber später sehr umkämpften Auslegungen der Bibel festhalten, bis er schließlich selbst einer erneut aufflammenden Christenverfolgung zum Opfer fällt.

SO

Wer den neuen Menschen angezogen hat, für den sind die beiden Testamente ein einziges neues Testament.

Origenes

Zieht den neuen Menschen an, der nach dem Bild Gottes geschaffen ist in wahrer Gerechtigkeit und Heiligkeit.

Epheserbrief 4,24

MO

Mysterien sind wie ein Zelt:
Man übernachtet darin
und zieht dann weiter.

Origenes

Seit dem Tag, als ich die Israeliten aus Ägypten heraufgeführt habe, habe ich bis heute nie in einem Haus gewohnt, sondern bin in einer Zeltwohnung umhergezogen.

2. Samuelbuch 7,6

DI

Ohne Unterlass betet, wer Gebet und Werke der Liebe verbindet.

Origenes

Lasst nicht nach in eurem Eifer, lasst euch vom Geist entflammen und dient dem Herrn! Freut euch in der Hoffnung, seid geduldig in der Bedrängnis, beharrlich im Gebet!

Römerbrief 12,10-12

MI

Die Glorie Gottes ist der lebendige Mensch; das Leben des Menschen ist die Gottesschau.

Irenäus von Lyon

Das ist das ewige Leben: dich, den einzigen wahren Gott, zu erkennen und Jesus Christus, den du gesandt hast.

Johannes 17,3

Der Chaos schuf zu Menschenland,
der Menschen hier zusammenband,
er schrieb sein Wort, gegeben
zum Schutz für unser Leben.
Er schrieb uns frei mit eigner Hand.
Schrift die Menschenursprung schreibt,
Wort, das treu bleibt.

GL Mainz 712 [5],1;
T: Huub Oosterhuis
(Ü: Frans Doevelaar)

DO

Unser ganzes Leben ist ein beständiger Gottesdienst.

Clemens von Alexandria

Ich ermahne euch also, Brüder und Schwestern, kraft der Barmherzigkeit Gottes, eure Leiber als lebendiges, heiliges und Gott wohlgefälliges Opfer darzubringen – als euren geistigen Gottesdienst.

Römerbrief 12,1

FR

Die Kirche ist nur eine, doch breitet sie sich zur Vielheit aus. Wie die Sonne, die viele Strahlen hat, aber nur ein Licht.

Cyprian von Karthago

Denn wie der Leib einer ist, doch viele Glieder hat, alle Glieder des Leibes aber, obgleich es viele sind, einen einzigen Leib bilden: So ist es auch mit Christus

1. Korintherbrief 12,12

SA

Die Schriften nicht kennen, heißt Christus nicht kennen.

Hieronymus

Und er legte ihnen dar, ausgehend von Mose und allen Propheten, was in der gesamten Schrift über ihn geschrieben steht.

Lukas 24,26-27

▷ **Antonius der Große** ▶

▶ 251 – 356 ▷ Antonius der Große

Seine Eltern sollen wohlhabende christliche Bauern in Ägypten gewesen sein – nach ihrem Tod zieht sich Antonius als Einsiedler in die Wüste zurück. Sein streng asketisches Leben wird vielen zum Vorbild – er gilt als Vater des christlichen Mönchstums.

SO	*Tu in aller Ruhe, was du kannst. Das Wenige, was du tust, wird so viel Wert haben, wie die erhabenen Werke des Antonius in der Wüste.* Apophthegmata Patrum	Wer in den kleinsten Dingen zuverlässig ist, der ist es auch in den großen, und wer bei den kleinsten Dingen Unrecht tut, der tut es auch bei den großen. Lukas 16,100
MO	*Fische sterben, wenn sie auf dem Land bleiben, so auch die Mönche, außerhalb ihrer Zelle.* **Antonius der Große**	Denn so spricht der GOTT, der Herr, der Heilige Israels: Durch Umkehr und Ruhe werdet ihr gerettet, im Stillhalten und Vertrauen liegt eure Kraft. Jesaja 30,15
DI	*Bewahren wir den Glauben nicht nur in der Zeit der Freude, sondern auch in der Zeit der Drangsal.* Pachomios	Seid wachsam, steht fest im Glauben, seid mutig, seid stark! 1. Korintherbrief 16,13
MI	*Keine Schätze sammeln, täglich den Tod erwarten, allen alles verzeihen.* Apophthegmata Patrum	Sammelt euch Schätze im Himmel, wo weder Motte noch Wurm sie zerstören und keine Diebe einbrechen und sie stehlen. Matthäus 6,20

Jesu, hilf siegen und lass mich nicht sinken;
wenn sich die Kräfte der Lügen aufblähn
und mit dem Scheine der Wahrheit sich schminken,
lass doch viel heller dann deine Kraft sehn.
Steh mir zur Rechten, o König und Meister,
lehre mich kämpfen und prüfen die Geister.

EG 373,3
T: Johann Heinrich Schröder 1695

DO

Des Menschen Wille ist eine Mauer zwischen ihm und Gott. Wer auf ihn verzichtet, kann sagen: „Mit meinem Gott überspringe ich Mauern."
Apophthegmata Patrum

Ja, mit dir überrenne ich Scharen, mit meinem Gott überspringe ich Mauern.
Psalm 18,30

FR

Beten verlangt Kampf bis zum letzten Atemzug.
Apophthegmata Patrum

Wacht und betet, damit ihr nicht in Versuchung geratet. Der Geist ist willig, aber das Fleisch ist schwach.
Matthäus 26,41

SA

So handeln, als ob man morgen sterben müsste, aber mit seinem Leib so umgehen, als ob man noch viele Jahre zu leben hätte.
Evagrius Pontikos

Unsre Tage zu zählen, lehre uns! Dann gewinnen wir ein weises Herz.
Psalm 90,12

▷ **Martin von Tours** ▶

▶ 316/317 – 397 ▷ Martin von Tours

Der erste Bekenner, der nicht Märtyrer war, zeigt in Tours an der Loire die neue Zeit nach der Konstantinischen Wende 313 n. Chr. an. Was jene zuvor mit ihrem Leben bezeugten, müssen nun Verteidiger des Glaubens leisten durch Glaubenspraxis und Lebensweise im nichtchristlichen Umfeld. Aus Liturgie und sakramtentalem Mysterium schöpfen sie.

SO	*Herr, wenn ich deinem Volk noch nötig bin, weigere ich mich nicht, zu arbeiten. Dein Wille geschehe!* **Martin von Tours**	Ich habe das Verlangen, aufzubrechen und bei Christus zu sein – um wie viel besser wäre das! Aber euretwegen ist es notwendiger, dass ich am Leben bleibe. Philipperbrief 1,23-24
MO	*Das Ertragen von Leiden und der Einsatz für die Armen ist ein zweites Martyrium.* Diadochus von Photice	Christus will ich erkennen und die Macht seiner Auferstehung und die Gemeinschaft mit seinen Leiden; indem ich seinem Tod gleichgestaltet werde. Philipperbrief 3,10
DI	*Wie die Seele sich in allen Gliedern des Leibes befindet, so leben auch die Christen in der Welt, ohne von der Welt zu sein.* Brief an Diognet	Ich bitte nicht, dass du sie aus der Welt nimmst, sondern dass du sie vor dem Bösen bewahrst. Johannes 17,15
MI	*Zwei Wege gibt es. Der eine ist der Weg des Lebens, der andere der des Todes. Zwischen beiden besteht ein großer Unterschied.* Didache	Geht durch das enge Tor! Denn weit ist das Tor und breit der Weg, der ins Verderben führt und es sind viele, die auf ihm gehen. Wie eng ist das Tor und wie schmal der Weg, der zum Leben führt, und es sind wenige, die ihn finden. Matthäus 7,13-14

Wohl denen, die da wandeln
vor Gott **in Heiligkeit,**
nach seinem Worte handeln
und leben allezeit.

GL 543,1 / EG 295,1
T: AÖL 1973 nach Cornelius Becker 1602, nach Ps 119

DO

Bezeichne deine Stirn mit dem Kreuz. Dieses Zeichen der Passion dient dir als Schild.
Hippolyt von Rom

Wir dagegen verkündigen Christus als den Gekreuzigten: für Juden ein Ärgernis, für Heiden eine Torheit, für die Berufenen aber, Juden wie Griechen, Christus, Gottes Kraft und Gottes Weisheit.
1. Korintherbrief 1,23-24

FR

Ich sage mich los von dir, Satan,
und all deinem Gepränge
und wende mich dir, Christus, zu.
Cyrill von Jerusalem

Seid nüchtern seid wachsam! Euer Widersacher, der Teufel, geht wie ein brüllender Löwe umher und sucht, wen er verschlingen kann. Leistet ihm Widerstand in der Kraft des Glaubens!
1. Petrusbrief 5,8-9

SA

Nichts besitzen ist das eigentliche Besitzen.
Die Unfähigkeit, Gott zu verherrlichen,
ist die beste Verherrlichung.
Claesinne van Nieuwlant

Ist der Kelch des Segens, über den wir den Segen sprechen, nicht Teilhabe am Blut Christi? Ist das Brot, das wir brechen, nicht Teilhabe am Leib Christi? Ein Brot ist es. Darum sind wir viele ein Leib; denn alle haben teil an dem einen Brot.
1. Korintherbrief 10,16-17

▷ **Ephräm der Syrer** ▶

Ephräm der Syrer

Mitten im Schmelztiegel der Kulturen, in Edessa (heute Urfa) im oberen Mesopotamien, zwischen Persien und dem römischen Reich schöpft zu Beginn des 4. Jahrhunderts ein lebensfroher Syrer aus biblischen Quellen zauberhafte Poesie. Christen aller Konfessionen feiern ihn als größten Dichter der Väterzeit.

SO	*Der Dürstende freut sich beim Trinken und trauert nicht, dass er die Quelle nicht austrinken kann.* **Ephräm der Syrer**	Mein Volk hat doppeltes Unrecht verübt: Mich hat es verlassen, den Quell des lebendigen Wassers, um sich Zisternen zu graben, Zisternen mit Rissen, die das Wasser nicht halten. Jeremia 2,13
MO	*Unser schwacher Geist leidet Schiffbruch zwischen Gottes Güte und seiner Gerechtigkeit.* **Ephräm der Syrer**	Es begegnen einander Huld und Treue; Gerechtigkeit und Friede küssen sich. Psalm 85,11
DI	*Die Wogen können unser Schiff verschlingen. Doch wer hat die wunderbaren Perlen gesehen in der Tiefe des Meeres?* Isaak von Ninive	Du hast mich in die Tiefe geworfen, in das Herz der Meere; mich umschlossen die Fluten, all deine Wellen und Wogen schlugen über mir zusammen. Jona 2,4
MI	*Wer viel spricht, wird schweigen, sobald er sieht, wie leer er in seinem Inneren ist.* Isaak von Niniven	Ihr bringt den Unschuldigen in Not, ihr lasst euch bestechen und weist den Armen ab im Tor. Darum schweigt in dieser Zeit, wer klug ist; denn es ist eine böse Zeit. Amos 5,12-13

Bei dir, Herr, ist des Lebens Quell;
der Trübsal Wasser machst du hell,
tränkst uns am Bach der Wonnen.
Dein Glanz erweckt das Angesicht,
in deinem Licht schaun wir das Licht,
du Sonne aller Sonnen.

GL 427,2
T: M.L. Thurmair 1971 nach Ps 36

Das Hinausgehen Christi in die Wüste ist das beste Beispiel, das wir haben, um Entsagung zu lernen. Philoxenes von Mabbug	Sie redeten gegen Gott; sie fragten: Kann uns denn Gott den Tisch decken in der Wüste? Psalm 78,19	DO
Wenn die Jünglinge im Feuerofen sich nicht entschlossen hätten zu sterben, hätte die Wolke das Feuer nicht ausgelöscht. Philoxenes von Mabbug	Siehe, unser Gott, dem wir dienen, er kann uns retten. Aus dem glühenden Feuerofen und aus deiner Hand, König, wird er uns retten. Und wenn nicht, so sei dir, König, kundgetan, dass wir deinen Göttern nicht dienen Daniel 3,17-18	FR
Neid und Eifersucht richten den zugrunde, den sie beherrschen. Mandakuni der Armenier	Neid und Ärger verkürzen die Tage, Sorge macht vorzeitig alt. Jesus Sirach 30,24	SA

▷ Gregor von Nyssa ▶

▶ 335/340 – 394 ▷

Gregor von Nyssa

Im 4. Jh. treffen sich in der Tufflandschaft Kappadokiens (heute Türkei) drei Freunde und finden Worte für die Dreifaltigkeit. Solche Erkenntnis fließt ein in die göttliche Liturgie Johannes Chrysostomus. Als Bischöfe prägen sie die ersten Konzilien.

SO

Auf die Schau Gottes zugehen kann man nur, wenn man in seinen Fußstapfen hinter seinem Wort hergeht.

Gregor von Nyssa

Wenn meine Herrlichkeit vorüberzieht, stelle ich dich in den Felsspalt und halte meine Hand über dich, bis ich vorüber bin. Dann ziehe ich meine Hand zurück, und du wirst meinen Rücken sehen. Mein Angesicht aber kann niemand sehen.

Exodus 33,22-23

MO

Gott erscheint Mose zunächst im Licht, dann in einer Wolke und zuletzt in der Finsternis.

Gregor von Nyssa

Die Erscheinung der Herrlichkeit des HERRN auf dem Gipfel des Berges zeigte sich vor den Augen der Israeliten wie verzehrendes Feuer. Mose ging mitten in die Wolke hinein.

Exodus 24,17-18

DI

Immer ist schöner das Je-neu-Gefundene als das Schon-Begriffene.

Gregor von Nyssa

Jesaja wagt sogar zu sagen: Ich ließ mich finden von denen, die nicht nach mir suchten; ich offenbarte mich denen, die nicht nach mir fragten.

Römerbrief 10,20

MI

O du bist über alles.
Darf ich anders dich feiern?
Wie soll, Wort, ich dich singen,
den kein Wort sagen kann?

Gregor von Nazianz

Wie hätten wir singen können die Lieder des HERRN, fern, auf fremder Erde?

Psalm 137,4

Der Tag nimmt ab.
Ach schönste Zier,
Herr Jesu Christ,
bleib du bei mir,
es will nun Abend werden.
Lass doch dein Licht
auslöschen nicht
bei uns allhier auf Erden.

GL 361,4 / EG 473,4
T: Königsberg 1597 bei Johann Eccard

DO

Beachte die ursprüngliche Gleichheit, nicht die spätere Ungleichheit der Menschen.
Gregor von Nazianz

Denn ihr alle, die ihr auf Christus getauft seid, habt Christus als Gewand angelegt. Es gibt nicht mehr Juden und Griechen, nicht Sklaven und Freie, nicht männlich und weiblich; denn ihr alle seid einer in Christus Jesus.
Galaterbrief 3,27-28

FR

Kein Mensch lebt allein,
kein Mensch glaubt allein.
Basilius von Caesarea

Denn wie sie hinfallen, richtet einer den anderen auf. Doch wehe dem, der allein ist, wenn er hinfällt, ohne dass einer bei ihm ist, der ihn aufrichtet. Wenn zwei zusammen schlafen, wärmt einer den andern; einer allein – wie soll er warm werden?
Kohelet 4,10-11

SA

Nichts kann einen so zum Nachfolger Christi machen wie die Sorge um den Nächsten.
Johannes Chrysostomus

Denn ich war hungrig, und ihr habt mir zu essen gegeben; ich war durstig, und ihr habt mir zu trinken gegeben; ich war fremd und ihr habt mich aufgenommen.
Matthäus 25,35

▷ **Augustinus von Hippo** ▶

▶ 354 – 430 ▷

Augustinus von Hippo

Der im nordafrikanischen Tagaste, heute in Souk Ahras in Algerien, geborene Augustinus macht zunächst im Staatsdienst Karriere. In seinen Confessiones beschreibt er seine Bekehrung. Als Rom geplündert wird und das Imperium zerfällt, ist Augustinus, der große Theologe, Bischof in Hippo, zurück in der nordafrikanischen Provinz.

SO

Du hast uns geschaffen auf dich hin,
und unruhig ist unser Herz,
bis es ruht in dir.

Augustinus von Hippo

Bei Gott allein wird ruhig meine Seele,
von ihm kommt mir Rettung.

Psalm 62,2

MO

Mit Macht drangen deine Strahlen auf mich ein und ich erbebte in Liebe und Angst. Ich begriff, dass ich fern war von dir.

Augustinus von Hippo

Der Zöllner aber blieb ganz hinten stehen und wollte nicht einmal, seine Augen zum Himmel zu erheben, sondern schlug sich an die Brust und betete: Gott, sei mir Sünder gnädig!

Lukas 18,13

DI

Spät habe ich dich geliebt,
o Schönheit, so alt und so neu.
Spät habe ich dich geliebt.

Augustinus von Hippo

Ihr sind ihre vielen Sünden vergeben, weil sie viel geliebt hat. Wem aber nur wenig vergeben wird, der liebt wenig.

Lukas 7,47

MI

Du kannst Gott nicht aussprechen
und darfst ihn doch nicht verschweigen.
Was bleibt dir übrig, als zu jubeln.

Augustinus von Hippo

Die mit Tränen säen,
werden mit Jubel ernten.

Psalm 126,5

Ach, dass ich dich so spät erkannte,
du hochgelobte Schönheit du,
dass ich nicht eher mein dich nannte,
du höchstes Gut und wahre Ruh;
es ist mir leid, ich bin betrübt,
dass ich so spät geliebt.

GL 358,3 / EG 400,3
T: Angelus Silesius 1657

DO

Liebe und dann tu,
was du willst!
Augustinus von Hippo

Wir wollen lieben,
weil er uns zuerst geliebt hat.
1. Johannesbrief 4,19

FR

Euer Geheimnis liegt auf dem Altar.
Auf das, was ihr seid, nämlich Leib Christi,
antwortet ihr Amen.
Augustinus von Hippo

Denn wer davon isst und trinkt, ohne den Leib zu unterscheiden, der zieht sich das Gericht zu.
1. Korintherbrief 11,29

SA

Dein Blick bringt unsern Fall zu Fall,
in Tränen löst sich unsre Schuld.
Ambrosius von Mailand

Da wandte sich der Herr um und blickte Petrus an. Und Petrus erinnerte sich an das Wort, das der Herr zu ihm gesagt hatte: Ehe heute der Hahn kräht, wirst du mich dreimal verleugnen. Und er ging hinaus und weinte bitterlich.
Lukas 22,61-62

▷ **Benedikt von Nursia** ▶

Benedikt von Nursia

Einem verweltlichten Christentum wollen Benedikt und das Mönchtum mitten in Italien, in Nursia, heute Norcia, etwas entgegensetzen. Im Rhythmus von Gebet und Arbeit, in brüderlicher Gemeinschaft, aber mit Rücksicht auf Individualität. Nicht formale Erfüllung, sondern ein Glutgebet des Herzens ist ihr Weg.

SO

Stehen wir endlich auf! Hören wir Gottes Mahnung: „Heute, verhärtet euer Herz nicht!“

Benedikt von Nursia

Ermahnt einander jeden Tag, solange es noch heißt: Heute, damit niemand von euch durch den Betrug der Sünde verhärtet wird.

Hebräerbrief 3,13

MO

Sich fernhalten vom Treiben der Welt! Der Liebe zu Christus nichts vorziehen! An Gottes Barmherzigkeit nie verzweifeln!

Benedikt von Nursia

Gleicht euch nicht dieser Welt an, sondern lasst euch verwandeln durch die Erneuerung des Denkens, damit ihr prüfen und erkennen könnt, was der Wille Gottes ist: das Gute, Wohlgefällige und Vollkommene.

Römerbrief 12,2

DI

O Gott, komm mir zur Hilfe. Die Betrachtung dieses Verses soll in deinem Herzen ununterbrochen andauern. Es soll dein Glutgebet sein.

Johannes Cassian

Betet ohne Unterlass! Löscht den Geist nicht aus!

1. Thessalonicherbrief 5,17.19

MI

Die Psalmen so singen, als ob sie nicht mehr das Werk des Propheten wären, sondern wir selbst.

Johannes Cassian

Lasst in eurer Mitte Psalmen, Hymnen und geistliche Lieder erklingen.

Epheserbrief 5,19

Gott loben in der Stille:
Mit Schweigen beten
zu jeder Zeit,
bis er die Stimme
zum Lob befreit.
Gott loben in der Stille.

GL 399,1
T: Günter Balders 1984

DO

Hast du dieses Gebet verinnerlicht, so betest du es im Schlaf weiter und es begleitet dich den ganzen Tag.
Johannes Cassian

Es geschah aber in diesen Tagen, dass er auf einen Berg ging, um zu beten. Und er verbrachte die ganze Nacht im Gebet zu Gott.
Lukas 6,12

FR

Im inneren Schweigen holt man sich bei Gott Rat, was öffentlich zu tun ist.
Gregor der Große

Alles hat seine Stunde. Für jedes Geschehen unter dem Himmel gibt es eine bestimmte Zeit:
Eine Zeit zum Schweigen
und eine Zeit zum Reden.
Kohelet 3,1.7

SA

Wenn du dürstest,
trinke vom Quell des Lebens;
hungerst du,
iss das Brot des Lebens.
Kolumban der Ältere

Wer Durst hat, komme zu mir,
und es trinke, wer an mich glaubt!
Johannes 7,37-38

▷ **Dionysius Areopagita** ▶

Dionysius Areopagita

Geraume Zeit nach der Reichsteilung leben im oströmischen Byzanz Poeten zurückgezogen mit Gott, in Ruhe und Gelassenheit. Sie brennen vor Liebe zu allen Menschen. Glückselig und trunken sind sie vom Heiligen Geist – ob am Nildelta, am östlichen Mittel- oder am Schwarzen Meer.

SO

Gott kann man nicht sehen
und nicht erkennen,
nur besingen.

Dionysius Areopagita

Niemand hat Gott je gesehen. Der Einzige, der Gott ist und am Herzen des Vaters ruht, er hat Kunde gebracht.

Johannes 1,18

MO

Wer den Samen der Gnade empfangen will, soll zunächst den Acker seines Herzens reinigen.

Makarius der Ägypter

Mit dem Reich Gottes ist es so, wie wenn ein Mann Samen auf seinen Acker sät.

Markus 4,26

DI

Liebe und Enthaltsamkeit befreien
von Leidenschaft,
Lesung und Gebet lassen Gott begegnen.

Maximus Confessor

Philippus lief hin und hörte ihn den Propheten Jesaja lesen. Da sagte er: Verstehst du auch, was du liest?

Apostelgeschichte 8,30

MI

Ich sage dir Dank, weil du mir ein Tag ohne Abend geworden bist und eine Sonne ohne Untergang.

Simeon der neue Theologe

Sie drängten ihn und sagten:
Bleib bei uns; denn es wird Abend,
der Tag hat sich schon geneigt.

Lukas 24,29

Luft, die alles füllet,
drin wir immer schweben,
aller Dinge Grund und Leben,
Meer ohn Grund und Ende,
Wunder aller Wunder:
Ich senk mich in dich hinunter.
Ich in dir, du in mir,
lass mich ganz verschwinden,
dich nur sehn und finden.

EG 165,5 / GL 387,5
T: Gerhard Tersteegen 1729

DO

Erfüllt dich ein Wort mit Freude,
so verweile dabei,
denn ein oft wiederholtes Wort
sammelt den Geist.
Johannes Klimakos

Fanden sich Worte von dir, so verschlang ich sie; dein Wort wurde mir zum Glück und zur Freude meines Herzens.
Jesaja 66,13

FR

Aus dem „Was ist das schon?" wächst ein tückisches Geschwür und man beginnt auch größere Dinge gering zu schätzen.
Dorotheus von Gaza

Verlass dich nicht auf ungerechte Reichtümer, denn sie werden dir am Tag des Unglücks nichts nützen.
Jesus Sirach 5,8

SA

Gottes Sohn, du gibst das Leben,
deshalb verherrlicht dich das All.
Phos hilaron

Ich bin das Licht der Welt.
Johannes 8,12

▷ Bruno der Karthäuser ▶

Bruno der Karthäuser

Die Welt verlassen, radikaler Rückzug in Einsamkeit, Armut und Buße, doch verbunden im Gottesdienst, das war Brunos Ziel. Die Kartause, von ihm im 11. Jahrhundert bei Grenoble in den französischen Alpen gegründet, bedurfte nie der Reform. Kontemplation ermöglicht mystische Erfahrung, geistige Freiheit gewinnt, wer alles aus der Perspektive Gottes betrachtet.

SO

*Wachsam sein,
um ihm sofort zu öffnen,
wenn er kommt.*

Bruno der Karthäuser

Seid also wachsam!
Denn ihr wisst weder den Tag
noch die Stunde.

Matthäus 25,13

MO

Das arme und einsame Leben ist zu Beginn schwierig, mit fortschreitender Verwirklichung einfach, am Ende himmlisch.

Guigo der Karthäuser

Selig, die ein reines Herz haben;
denn sie werden Gott schauen.

Matthäus 5,8

DI

Vergegenwärtige dir, was Jesus gesagt und getan hat, als ob du es mit eigenen Ohren gehört und mit eigenen Augen geschaut hättest.

Ludolf von Sachsen

Auf Jesus blicken, den Urheber und Vollender des Glaubens.

Hebräer 12,2

MI

Trage die Last deiner selbst wie ein Kreuz, bevor du mit Gott vereint werden kannst in Liebe.

Wolke des Nichtwissens

Wenn einer hinter mir hergehen will, verleugne er sich selbst, nehme sein Kreuz auf sich und folge mir nach

Markus 8,34

So wach denn auf, mein Geist und Sinn,
und schlummre ja nicht mehr.
Blick täglich auf sein Kommen hin,
als ob es heute wär.

GL (1975) 567,5 / GL Mainz 928,6
T: nach Johann Christoph Rube 1712

DO

Nimm den gnädigen Gott, wie er ist, und lege ihn wie ein Pflaster auf dein krankes Selbst, das du bist.
Ihn berühren bedeutet Heilung.
Wolke des Nichtwissens

Und man brachte alle Kranken zu ihm und bat ihn, er möge sie wenigstens den Saum seines Gewandes berühren lassen.
Matthäus 14,36

FR

Über dir ist die Wolke des Nichtwissens.
Unter dir muss sein die Wolke des Vergessens.
Wolke des Nichtwissens

Rings um ihn her sind Wolken
und Dunkel,
Gerechtigkeit und Recht sind die
Stützen seines Throns.
Psalm 97,2

SA

Gotteserfahrung:
nicht die Erfahrung, die uns zu Gott führt,
sondern Gott, der sich erfahren lässt.
Ungenannter Karthäuser

Wer mich aber liebt, wird von meinem Vater geliebt werden, und auch ich werde ihn lieben und mich ihm offenbaren.
Johannes 14,20

▷ **Thomas von Aquin** ▶

Thomas von Aquin

Freude an Streitfragen, am Austausch von Argumenten und die Wertschätzung der Vernunft als Mittel der Wahrheitsfindung prägen das akademische Leben im Paris des 13. Jahrhunderts. Selbstverschuldete Dummheit ist Sünde, lehrt Thomas. Papst Pius XI. wünscht, dass alle Thomas lesen.

SO

Ich möchte nur ein wenig deine Wahrheit begreifen, die mein Herz glaubt und liebt.
Anselm von Canterbury

Ich weiß, wem ich Glauben geschenkt habe.
2. Timotheusbrief 1,12

MO

Ich habe dich nie gesehen.
Ich kann dich nicht finden,
wenn du dich nicht zeigst.
Anselm von Canterbury

Wer mich gesehen hat,
hat den Vater gesehen.
Johannes 14,9

DI

Es zieht ihn nach unten,
uns reißt er nach oben.
Hugo von Sankt Viktor

Und ich, wenn ich über die Erde erhöht bin, werde alle zu mir ziehen.
Johannes 12,32

MI

Alles, was ich geschrieben habe,
kommt mir vor wie Stroh.
Thomas von Aquin

Nichts ist ohne Sprache. Wenn ich nun den Sinn der Sprache nicht kenne, bin ich für den Sprecher ein Fremder, wie der Sprecher für mich.
1. Korintherbrief 14,10-11

Gottheit tief verborgen,
betend nah ich dir.
Unter diesen Zeichen
bist du wahrhaft hier.

GL 497,1; T: Thomas von Aquin 1263
(Ü: Petronia Steiner 1947)

DO

Ein Irrtum über die Geschöpfe führt zu falschen Vorstellungen über Gott.
Thomas von Aquin

Denn aus der Größe und Schönheit der Geschöpfe wird in Entsprechung ihr Schöpfer erschaut.
Weisheit 13,5

FR

Spielen ist notwendig zur Führung eines menschlichen Lebens.
Thomas von Aquin

Da war ich als geliebtes Kind bei ihm. Ich war seine Freude Tag für Tag und spielte vor ihm allezeit.
Sprichwörter 8,30-31

SA

Die schönsten Dinge in der Natur kosten gottlob überhaupt kein Geld.
Albertus Magnus

Als er eine besonders wertvolle Perle fand, ging er hin, verkaufte alles, was er besaß, und kaufte sie.
Matthäus 13,460

▷ Bernhard von Clairvaux ▶

Bernhard von Clairvaux

Der Zisterzienserabt Bernhard zieht von Frankreich aus enorme Kreise: Sein Orden floriert, er predigt den Kreuzzug, als Mystiker wendet er sich gegen logisch begründete Theologie der ersten Scholastiker in Paris. Die persönliche Gotteserfahrung reformiert die Beziehung zu Gott wesentlich.

SO	*Wenn Gott etwas an mir liegt, dann küsse er mich mit dem Kuss seines Mundes.* **Bernhard von Clairvaux**	Mit Küssen seines Mundes bedecke er mich. Süßer als Wein ist deine Liebe. Hoheslied 1,2
MO	*Die Sprache der Liebe ist für den, der nicht liebt, unverständlich.* **Bernhard von Clairvaux**	Ein Weisheitslied, ein Lied der Liebe. Ps 45
DI	*Gott sah, dass den Menschen nicht zu helfen war. So ging Gott ins Fleisch und machte sich zum Toren, betrunken vom Wein der Liebe.* **Bernhard von Clairvaux**	In das Weinhaus hat er mich geführt. Sein Zeichen über mir heißt Liebe. Hoheslied 2,4
MI	*Ein Mensch kann weder sich noch einen anderen retten. Halte dir das vor Augen, nicht nur als Wissen, sondern auch als Schmerz.* **Bernhard von Clairvaux**	Macht euch auf und verlasst diesen Ort, denn der HERR will die Stadt vernichten. Genesis 19,14

O lieber Jesu, denk ich dein,
strömt Glück in meine Seele ein;
doch meine höchste Freude ist,
wenn du, o Jesu, bei mir bist.

Kein Lied so sehr zu Herzen dringt,
kein Klang, kein Ton so lieblich klingt,
kein Name bringt so reichen Lohn
als Jesus Christus, Gottes Sohn.

GL 368,1.2; T: Jesu, dulcis memoria, Oxford 12.Jh, Ü: F.Dörr; Bernhard v.Clairvaux zugeschrieben

DO

Damit du dir selbst nicht gleichgültig wirst, muss deine Besinnung bei dir beginnen und enden.
Bernhard von Clairvaux

Denn wenn einer von euch einen Turm bauen will, setzt er sich dann nicht zuerst hin und berechnet die Kosten, ob seine Mittel für das ganze Vorhaben ausreichen? Sonst könnte es geschehen, dass er das Fundament gelegt hat, dann aber den Bau nicht fertigstellen kann.
Lukas 14,28-29

FR

Kehr zurück! Vermutlich hat Gott sich entzogen, damit die Seele ihn zurückrufe und stürmisch in ihre Arme schließe.
Bernhard von Clairvaux

Ich öffnete meinem Geliebten:
Doch der Geliebte war weg, verschwunden.
Meine Seele war außer sich.
Hoheslied 5,6

SA

Man erkennt nur, was man liebt.
Wilhelm von Saint-Thierry

Gewiss, wir alle haben Erkenntnis. Doch die Erkenntnis macht aufgeblasen, die Liebe dagegen baut auf.
1. Korintherbrief 8,1-2

▷ **Hildegard von Bingen** ▶

▶ 1098 – 1179 ▷ Hildegard von Bingen

Von Visionen inspiriert prägt die Universalgelehrte das Mittelalter. Sie leitet ein Kloster am Rhein, dichtet, predigt, komponiert, berät Prominenz, knüpft Kontakte, z. B. zu Bernhard von Clairvaux. Ihrer Einladung *Scivias (Wisse die Wege)* folgen auch in Medizin, Ethik und Kosmologie bis heute Menschen aller Konfessionen.

SO

Von der Kraft der Geschöpfe umgeben, kann er niemals von ihnen getrennt werden, denn die Weltelemente, dem Menschen zum Dienst geschaffen, bieten ihm ihre Hilfe an.

Hildegard von Bingen

Gott, der HERR, nahm den Menschen und gab ihm seinen Wohnsitz im Garten von Eden.

Genesis 2,15

MO

Mit der Macht deiner überaus herrlichen Kraft überwältigst du niemand.

Hildegard von Bingen

Was willst du, dass ich dir tue?

Lukas 18,41

DI

Als sie in ihrem eigenen Licht erwachten, haben sie mich vergessen.

Hildegard von Bingen

Ich bin das Licht der Welt.

Johannes 8,12

MI

Wie ja auch die Seele Selbstmord begeht, wenn sie nicht mehr Gott anzuhangen versucht.

Hildegard von Bingen

Die sich von mir abwenden, werden in den Staub geschrieben.

Jeremia 17,13

„Wachet auf", ruft uns die Stimme
der Wächter sehr hoch auf der Zinne,
„wach auf, du Stadt Jerusalem."
Mitternacht heißt diese Stunde;
sie rufen uns mit hellem Munde:
„Wo seid ihr klugen Jungfrauen?"

EG 147,1 / GL 554,1
T: Philipp Nicolai 1599

Zeit der Besinnung

Alle bösen Werke werden durch die bittere Reue ausgeschieden wie Speise und Trank. **Hildegard von Bingen**	Und er ging hinaus und weinte bitterlich. Lukas 22,62	DO
Vater, ich habe gesündigt gegen den Himmel. Das heißt: gegen das himmlische Kunstwerk, das ich selbst bin. **Hildegard von Bingen**	Ich will aufbrechen und zu meinem Vater gehen. Lukas 15,18	FR
Ich will in deinen Wunden mit dir leiden, und so wirst du Gemeinschaft mit dem Vater haben. **Hildegard von Bingen**	Streck deine Hand aus und leg sie in meine Seite Johannes 20,27	SA

▷ **Mystikerinnen von Helfta** ▶

Mystikerinnen von Helfta

Das Dreigestirn im Kloster Helfta/Thüringen bildet eine einzigartige Konstellation in der abendländischen Mystik. Es ergänzt die zeitgenössische Hochscholastik durch persönliche Beziehung der Seele zu Christus: in der Herzmystik.

SO

Dies Gebet hat große Kraft, das ein Mensch leistet mit aller seiner Macht.

Mechthild von Magdeburg

Klopft an
und es wird euch geöffnet.

Lukas 11,9

MO

Wo zwei Geliebte verborgen sich sehen, müssen sie oft abschiedslos voneinander gehen.

Mechthild von Magdeburg

Leg mich wie ein Siegel auf dein Herz,
wie ein Siegel auf deinen Arm.

Hoheslied 8,6

DI

Ich gebe dir mein Herz zu einem Haus der Zuflucht. Du in mir und ich in dir.
Ich verlasse dich nicht.

Mechthild von Hackeborn

Der Ratschluss des HERRN bleibt ewig bestehen, die Pläne seines Herzens durch alle Geschlechter.

Psalm 33,11

MI

Sie aber stand in seiner Gegenwart leuchtend wie Gold.

Mechthild von Hackeborn

Sind eure Sünden wie Scharlach,
weiß wie Schnee werden sie.

Jesaja 1,18

Jesu, meine Freude, meines Herzens Weide, Jesu, meine Zier:
Ach wie lang, ach lange ist dem Herzen bange
und verlangt nach dir!
Gottes Lamm, mein Bräutigam, außer dir soll mir auf Erden
nichts sonst liebes werden.

EG 396,1
T: Johann Franck 1653

DO

Da begriff sie, dass alles Gute, das sie versäumt, durch den heiligen Wandel Christi und seine vollkommenen Werke nachgeholt sei.

Mechthild von Hackeborn

Ich bin gekommen, damit sie das Leben haben und es in Fülle haben.

Johannes 10,10

FR

Da sie nun von Gott so hohe Gaben empfangen, schöpfte sie Sicherheit und Kühnheit daraus.

Mechthild von Hackeborn

In meinem Namen werden sie Dämonen austreiben.

Markus 16,17

SA

Möge stets in meinem Herzen leben das Andenken an deine Wunden.

Gertrud von Helfta

Denn dein Schöpfer ist dein Gemahl, HERR der Heerscharen ist sein Name.

Jesaja 54,5

▷ **Franz von Assisi** ▶

▶ 1181 – 1226 ▷ Franz von Assisi

Aus sicherem Wohlstand bricht Franziskus aus dem italienischen Assisi in das Abenteuer mit Gott auf. Mit Clara wirbt er dafür, sich an Gottes Schöpfung und den Mitmenschen zu erfreuen, von sich selbst abzusehen und sich in Armut von Gott überraschen zu lassen. Schnell bekommen beider Bettelorden in ganz Europa Zulauf.

SO	*Der Allerhöchste selbst hat mir offenbart, dass ich nach der Weise des heiligen Evangeliums leben soll.* **Franz von Assisi**	Der Geist des Herrn ruht auf mir, denn er hat mich gesalbt. Er hat mich gesandt, damit ich den Armen eine frohe Botschaft bringe; damit ich den Gefangenen die Entlassung verkünde und den Blinden das Augenlicht; damit ich die Zerschlagenen in Freiheit setze. Lukas 4,18
MO	*Wenn wir Eigentum besitzen würden, müssten wir unbedingt zu unserem Schutz auch Waffen haben.* **Franz von Assisi**	Alle, die zum Schwert greifen, werden durch das Schwert umkommen. Matthäus 26,52
DI	*Der Herr führte mich unter Aussätzige, und ich handelte barmherzig an ihnen, und was zuvor bitter war, wurde mir süß.* **Franz von Assisi**	Ein Aussätziger kam zu Jesus und bat ihn um Hilfe; er fiel vor ihm auf die Knie und sagte: Wenn du willst, kannst du mich rein machen. Jesus hatte Mitleid mit ihm; er streckte die Hand aus, berührte ihn und sagte: Ich will es – werde rein. Markus 1,40-41
MI	*Gelobt seist du, Allerhöchster, mit allen deinen Geschöpfen in Krankheit und Trübsal und Tod mit großer Demut.* **Franz von Assisi**	Er ist es, der Himmel und Erde erschafft, das Meer und alles was in ihm ist. Er hält die Treue auf ewig. Psalm 146,6

Herr, dich loben die Geschöpfe,
dich, Gott, loben Raum und Zeit.
Sieh, die edle Schwester Sonne
lobt mit ihrer Herrlichkeit,
diesem Abbild deines Lichts –
alle Schöpfung lobt den Herrn.

GL 466,1; T: Kurt Rose 1991/92 nach dem
Sonnengesang des Franz von Assisi 1224–1226

DO

Gelobt seist du, mein Herr,
für unseren Bruder,
den leiblichen Tod.

Franz von Assisi

Der letzte Feind,
der entmachtet wird,
ist der Tod.

1. Korintherbrief 15,26

FR

Wer durch den Glanz der Geschöpfe nicht erleuchtet wird, ist blind.

Bonaventura

Wenn sie diese, entzückt über ihre Schönheit, schon für Götter hielten, dann hätten sie auch erkennen sollen, wie viel besser ihr Gebieter ist; denn der Urheber der Schönheit hat sie erschaffen.

Weisheit 13,3

SA

Schau am Anfang des Spiegels die Armut, in der Mitte die Demut, am Ende die Liebe.

Clara von Assisi

Die Weisheit durchdringt und durchwaltet alles ... Sie ist der Widerschein des ewigen Lichts, der ungetrübte Spiegel von Gottes Kraft, das Bild seiner Güte.

Weisheit 7,24.26

▷ Meister Eckhart ▶

▶ 1260 – 1328 ▷ Meister Eckhart

Am Ausgang des Mittelalters wirbt der Mystiker und Philosoph in Thüringen und in Paris dafür, sich Gott allein zu überlassen in allen Dingen, im Alltag und im Seelengrund. Solche Vertrautheit mit dem Unfassbaren fällt den Zeitgenossen schwer: Sie machen ihm den Prozess.

SO	*Es ist ein Übel, dass der Mensch sich Gott in die Ferne rückt. Gott bleibt beständig in der Nähe.* **Meister Eckhart**	Nahe ist der HERR allen, die ihn rufen, allen, die ihn aufrichtig rufen. Psalm 145,18
MO	*Wer Gott in einer bestimmten Weise sucht, der nimmt die Weise und verfehlt Gott, der in der Weise verborgen ist.* **Meister Eckhart**	Wahrhaftig, groß ist das Geheimnis unserer Frömmigkeit. 1. Timotheusbrief, 3,16
DI	*Gott ist ein Gott der Gegenwart. Wie er dich findet, so nimmt er dich. Nicht als das, was du gewesen, sondern als das, was du jetzt bist.* **Meister Eckhart**	Siehe, jetzt ist sie da, die Zeit der Gnade; siehe, jetzt ist er da, der Tag der Rettung. 2. Korintherbrief 6,2
MI	*Die Zunge eines Kranken hat einen Belag. Solange der Belag nicht von uns beseitigt ist, schmeckt uns Gott nicht.* **Meister Eckhart**	Kostet und seht, wie gut der HERR ist. Psalm 34,9

Süßer Immanuel,
werd auch in mir nun geboren,
komm doch, mein Heiland,
denn ohne dich bin ich verloren!
Wohne in mir,
mach mich ganz eines mit dir,
der du mich liebend erkoren.

EG 41,7 / GL 251,7
T: Gerhard Tersteegen 1731

DO

Gott ist in uns daheim, aber wir sind in der Fremde.

Meister Eckhart

Jetzt aber seid ihr, die ihr einst in der Ferne wart, in Christus Jesus, nämlich durch sein Blut, in die Nähe gekommen.

Epheserbrief 2,13

FR

Willst du getröstet werden, so denke an alle, die übler dran sind als du.

Meister Eckhart

Gepriesen sei der Gott und Vater Jesu Christi, unseres Herrn, der Vater des Erbarmens und der Gott allen Trostes.

2. Korintherbrief 1,3-4

SA

Es gibt keinen gleich guten Rat, Gott zu finden, als ihn dort zu finden, wo man ihn fahren lässt.

Meister Eckhart

Jakob aber entgegnete: Ich lasse dich nicht los, wenn du mich nicht segnest.

Genesis 32,27

▷ **Johannes Tauler** ▶

Johannes Tauler

Geistige Schüler Meister Eckharts, Prediger und Seelsorger, deutsche und flämische Mystiker und Gottesfreunde, predigen Annäherung an den göttlichen Willen im Innersten der menschlichen Seele. Diesem Ruf kann und soll der Mensch auch im aktiven Leben, in Arbeit, Beruf und Ehe folgen.

SO

Kehre dich in deinen Grund und bleibe dort und nimm die väterliche Stimme wahr, die in dir ruft.
Johannes Tauler

Kehrt um zu mir ...
dann kehre ich um zu euch,
spricht der HERR der Heerscharen.
Sacharja 1,3

MO

Jede noch so geringe Fertigkeit oder Arbeit ist Gnade; der Geist wirkt sie zum Nutzen und zum Wohl des Menschen.
Johannes Tauler

Gott aber hat den Leib so sammengefügt, dass er dem benachteiligten Glied umso mehr Ehre zukommen ließ, damit im Leib kein Zwiespalt entstehe, sondern alle Glieder einträchtig füreinander sorgen.
1. Korintherbrief 12,24-25

DI

Wo Gott wirken soll, braucht er nichts als das Nichts. Das Nichts ist geeigneter als alles, um leidend das Wirken Gottes zu erfahren.
Johannes Tauler

Ich bin nämlich überzeugt, dass die Leiden der gegenwärtigen Zeit nichts bedeuten im Vergleich zu der Herrlichkeit, die an uns offenbar werden soll.
Römerbrief 8,18

MI

Die Kirche hat zu keiner Zeit gewünscht, dass jemand seine Gesundheit schädige.
Johannes Tauler

Besser arm und gesunde Glieder
als reich und mit Krankheit geschlagen.
Jesus Sirach 30,14

Es kommt ein Schiff, geladen
bis an sein höchsten Bord,
trägt Gottes Sohn voll Gnaden,
des Vaters ewigs Wort.

EG 8,1 / GL 236,1
T: Daniel Sudermann 1626
nach Straßburg um 1450

DO

Wer dir dein Nichts dartun will, den nimm mit Dankbarkeit auf; denn du wirst durch ihn daran erinnert, was du bist – nämlich nichts.

Johannes Tauler

Den Weg zum Leben geht, wer Unterweisung bewahrt.

Sprichwörter 10,17

FR

Niemand kann göttlichen Trost erfahren, wenn er nicht durch das Beispiel menschlicher Bitternis gezogen wird.

Heinrich Seuse

Wie uns nämlich die Leiden Christi überreich zuteil geworden sind, so wird uns durch Christus auch überreicher Trost zuteil.

2. Korintherbrief 1,5

SA

Er will in dir leben und wohnen und ganz dein sein, wenn du ihm gehören willst.

Jan van Ruysbroeck

Ich fürchte kein Unheil, denn du bist bei mir.

Psalm 23,4

▷ **Thomas von Kempen** ▶

▶ 1380 – 1471 ▷ Thomas von Kempen

Demütige Nachfolge Christi macht die Devotio Moderna anziehend für Gottsuchende unterschiedlicher Prägung. Die Imitatio Christi wird als Anleitung zum geistlichen Leben seit dem 15. Jahrhundert in ganz Europa gelesen: Christusnachfolge aus den Quellen Gebet und Betrachtung.

SO	*Unser erstes Studium soll das Leben Jesu Christi sein.* **Thomas von Kempen**	Wer den Sohn hat, hat das Leben. 1. Johannesbrief 5,12
MO	*Frage nicht, wer das gesagt hat, sondern sieh auf das, was gesagtwird.* **Thomas von Kempen**	So spricht Er, der die sieben Geister Gottes und die sieben Sterne hat: Ich kenne deine Werke. Offenbarung 3,1
DI	*Beim letzten Gericht wird man nicht fragen, wie schön wir gesprochen, sondern wie fromm wir gelebt haben.* **Thomas von Kempen**	Wer mich verachtet und meine Worte nicht annimmt, der hat schon seinen Richter: Das Wort, das ich gesprochen habe, wird ihn richten am Jüngsten Tag. Johannes 12,48
MI	*Wer nicht kraft geistlichen Gebetes flink laufen kann, dem tut der Stab des mündlichen Gebetes der Kirche not.* Walter Hilton	Vor allem fordere ich zu Bitten und Gebeten, zu Fürbitte und Danksagung auf. 1. Timotheusbrief 2

Zeit für Neuanfang

„Mir nach", spricht Christus, unser Held,
„mir nach, ihr Christen alle!
Verleugnet euch, verlasst die Welt,
folgt meinem Ruf und Schalle;
nehmt euer Kreuz und Ungemach auf euch,
folgt meinem Wandel nach."

EG 385,1 / GL 461,1
T: Angelus Silesius 1668

DO

Wie die Sehkraft im gesunden Auge, so ist die Energie des Geistes in der gereinigten Seele.
Gregor Palamas

Das Gebot des Herrn ist rein,
es erleuchtet die Augen.
Psalm 19,9

FR

Das Brot des Lebens wandelt den, der es genießt, und verwandelt ihn zu sich selbst.
Nikolaos Kabasilas

Von dorther erwarten wir auch Jesus Christus, den Herrn, als Retter, der unseren armseligen Leib verwandeln wird in die Gestalt seines verherrlichten Leibes.
Philipperbrief 3,20-21

SA

Nimm mich mir und gib mich ganz zu eigen dir!
Niklaus von der Flüe

Dein bin ich, errette mich!
Psalm 119,94

▷ Caterina von Siena ▶

Caterina von Siena

Ausgehend von mystischen Erfahrungen, die von der männlichen Umwelt überraschend ernst genommen werden, erheben tiefgläubige Frauen in ganz Europa ihre Stimme in zeitaktuellen Fragen, zu kirchlichen, politischen und ethischen Konflikten. Oft im Kontakt mit den Mächtigen ihrer Zeit üben sie freimütig Kritik.

SO	*Der eigentliche Schatz der Kirche ist das Blut Christi zur Erlösung der Seelen.* **Caterina von Siena**	Alles im Himmel und auf Erden wollte er zu Christus führen, der Friede gestiftet hat am Kreuz durch sein Blut. Kolosserbrief 1,20
MO	*Die Seele hofft im Glauben, dass Gott reich sei, weshalb sie auch nicht arm bleiben kann.* Margarete Porete	Denn ihr kennt die Gnade unseres Herrn Jesus Christus: Er, der reich war, wurde euretwegen arm, um euch durch seine Armut reich zu machen. 2. Korintherbrief 8,9
DI	*Die Menschen kennen Gott am besten, die sich am wenigsten herausnehmen, von ihm zu sprechen.* Angela da Foligno	Es gibt einen, der schweigt – er wird für weise gehalten, und es gibt einen, der wegen des vielen Redens verhasst ist Jesus Sirach 20,5
MI	*Wie viele müssen sterben, um die Herrschsucht der Großen zu befriedigen.* Birgitta von Schweden	Der HERR hat gegeben, der HERR hat genommen; gelobt sei der Name des HERRN. Nehmen wir das Gute an von Gott, sollen wir nicht auch das Böse annehmen? Ijob 1,21; 2,10

Der Gottesgeist weht wie ein Wind,
er kommt auf Friedensflügeln.
Wie Atem, der lebendig macht, weckt er die Unrast,
innen, die manchmal Sturm zu werden wagt,
Gewalt und Bosheit laut verklagt.
Er kühlt als frische Brise.

GL Mainz 827,1
T: Marijke Koijck-de Bruijne 1986
(Ü: Jürgen Henkys 1997)

DO

So wahr Gott unser Vater ist, so wahr ist Gott auch unsere Mutter.
Juliana von Norwich

So spricht der HERR:
Wie ein Mann, den seine Mutter tröstet, so tröste ich euch.
Jesaja 66,13

FR

Welche Qual ist es, ohne die Liebe zu arbeiten!
Katharina von Genua

Tut eure Arbeit gern, als wäre sie für den Herrn und nicht für Menschen.
Kolosserbrief 3,23

SA

Nichts besitzen ist das eigentliche Besitzen.
Die Unfähigkeit, Gott zu verherrlichen,
ist die beste Verherrlichung.
Claesinne van Nieuwlant

Wir sind arm und machen doch viele reich; wir haben nichts und haben doch alles.
2. Korintherbrief 6,10

▷ Birgitta von Schweden ▶

▶ 1303 – 1373 ▷ Birgitta von Schweden

Beraterin am schwedischen Königshof, Mutter von acht Kindern – als die Adlige den Jakobsweg geht, ist sie mit dem Elend des hundertjährigen Kriegs konfrontiert, der Europa verwüstet. Sie gründet den Birgittenorden, schreibt ihre Visionen nieder und verwendet auch im geistlichen Leben ihre diplomatischen Beziehungen für den Frieden in Europa.

SO

Die Sonne ist nicht verschwunden, weil die Blinden sie nicht sehen.

Birgitta von Schweden

Wenn ihr blind wärt, hättet ihr keine Sünde. Jetzt aber sagt ihr: Wir sehen. Darum bleibt eure Sünde.

Johannes 9,41

MO

Gott geht dann in das Haus ein, wenn die Seele nicht nur in seiner Liebe meditiert, sondern Tag und Nacht auch darin arbeitet.

Birgitta von Schweden

Wer pflanzt und wer begießt: beide sind eins, jeder aber erhält seinen eigenen Lohn entsprechend seiner Mühe.

1. Korintherbrief 3,8

DI

Jesu Leiden ist wie ein Donner, dessen Nahen man hört, bevor der Knall kommt, und lange danach.

Birgitta von Schweden

Alles muss in Erfüllung gehen, was im Gesetz des Mose, bei den Propheten und in den Psalmen über mich geschrieben steht.

Lk 24,44

MI

Ich bin wie ein Gefäß, das voll ist und noch mehr gefüllt werden kann.

Birgitta von Schweden

Aus seiner Fülle haben wir alle empfangen, Gnade über Gnade.

Johannes 1,16

Was bin ich doch von Herzen froh,
dass mein Schatz ist das A und O,
der Anfang und das Ende.

EG 70,7 / GL 357,7
T: Philipp Nicolai 1599

DO

Der Mensch muss zuerst Gott lieben, dann darf er ihn sehen.
Birgitta von Schweden

Jetzt schauen wir in einen Spiegel und sehen nur rätselhafte Umrisse, dann aber schauen wir von Angesicht zu Angesicht.
1. Korintherbrief 13,12

FR

Gott tut wie eine geschickte Wäscherin, die unreine Kleider in die Wellen legt, dass sie von der Wasserströmung reiner und weißer werden.
Birgitta von Schweden

Entsündige mich mit Ysop, dann werde ich rein; wasche mich und ich werde weißer als Schnee!
Psalm 51,9

SA

Wie ein verschlingendes Feuer, das alles in sich zieht und verzehrt, ohne Rücksicht und ohne Maß, so ist die Liebe.
Beatrijs von Nazareth

Ist nicht mein Wort so: wie Feuer – Spruch des HERRN – und wie ein Hammer, der Felsen zerschmettert?
Jeremia 23,29

▷ **Nikolaus von Kues** ▶

Nikolaus von Kues

Ein Humanist von der Mosel stellt zu Beginn der Neuzeit mathematische und theologische Betrachtungen an. Seine Überlegungen zur Einheit von Gegensätzen kommen auch in kirchenpolitischer Diplomatie segenreich zum Einsatz.

SO	*Wenn jemand weiß, dass er im Dunkel ist, dann weiß er, dass er sich dem Angesicht der Sonne genaht hat.* **Nikolaus von Kues**	Das Wort der Propheten ist ein Licht, das an einem finsteren Ort scheint, bis der Tag anbricht und der Morgenstern aufgeht in eurem Herzen. 2. Petrusbrief 1,19
MO	*Nicht die haben die Bücher lieb, die sie unberührt in den Schränken aufheben.* Erasmus von Rotterdam	Das ganze Volk lauschte auf das Buch des Gesetzes. Nehemia 8,3
DI	*Ich habe nie daran gedacht, einer Sache zuzustimmen, die gegen mein Gewissen wäre.* Thomas More	Achte auch auf den Rat deines Gewissens. Wer ist dir treuer als dieses? Jesus Sirach 37,13
MI	*Ich hinterlasse in Westindien Christus tausendfach gekreuzigt durch die Gier der Christen nach Gold.* Bartholomé de las Casas	Euer Gold und Silber verrostet; ihr Rost wird als Zeuge gegen euch auftreten und euer Fleisch fressen wie Feuer. Noch in den letzten Tagen sammelt ihr Schätze. Jakobusbrief 5,3-4

Der du allein der Ewge heißt
und Anfang, Ziel und Mitte weißt,
im Fluge unsrer Zeiten:
Bleib du uns gnädig zugewandt
und führe uns an deiner Hand,
damit wir sicher schreiten..

EG 64,6 / GL 257, 6
T: Jochen Klepper 1938

DO

Es gibt kein Heilmittel außer der Buße.
Ihr wollt nicht daran glauben.
Ihr macht euch darüber lustig.
Girolamo Savonarola

Vielmehr werdet ihr alle umkommen, wenn ihr euch nicht bekehrt.
Lukas 13,3

FR

Mancher Mensch macht sich selbst viel Soll- und Musssein. Hätte er das Muss- oder Sollsein Gottes, er hätte weniger zu tun.
Theologia deutsch, Der Franckforter

Er hat uns gerettet; mit einem heiligen Ruf hat er uns gerufen, nicht aufgrund unserer Taten, sondern aus eigenem Entschluss und aus Gnade, die uns schon vor ewigen Zeiten in Christus Jesus geschenkt wurde.
2. Timotheusbrief 1,9

SA

Der Tod nimmt weder
Gut noch Gaben.
Tanzt nach ihm,
er will euch haben.
Metnitzer Totentanz, Der Kaufmann

Große Mühsal hat Gott den Menschen zugeteilt ...: ihr Grübeln und die Angst ihres Herzens, den Gedanken an die Zukunft, an den Tag ihres Todes.
Kohelet 2,10-11

▷ **Martin Luther** ▶

Martin Luther

Mit den Traditionen der Kirche, vor allem mit Mystik vertraut, distanziert sich der Humanist von Spätscholastikern in Erfurt. Kaum ist die neue Welt entdeckt, formuliert der Reformator in Wittenberg Gott, Bibel, Kirche neu. Mit seiner Kritik an der Kirche versucht er in Treue zum Kreuz den Aufbruch in die Moderne.

SO

Ob bei uns ist der Sünden viel,
bei Gott ist viel mehr Gnaden.

Martin Luther

Hab Vertrauen, mein Sohn,
deine Sünden sind dir vergeben!

Matthäus 9,2

MO

Anfechtung ist die notwendige Kehrseite des Glaubens.

Martin Luther

Denn da er gelitten hat und selbst in Versuchung geführt wurde, kann er denen helfen, die in Versuchung geführt werden.

Hebräerbrief 2,18

DI

Der Glaube allein genügt; aus ihm fließen Liebe und Lebensfreude.

Martin Luther

Denn in Christus Jesus vermag weder die Beschneidung noch die Unbeschnittenheit etwas, sondern der Glaube, der durch die Liebe wirkt.

Galaterbrief 5,6

MI

Der Glaube will der einzige Gottesdienst sein und diese Ehre keinem andern Werk überlassen.

Martin Luther

Darum nehmt einander an, wie auch Christus uns angenommen hat, zur Ehre Gottes.

Römerbrief 15,7

Nun freut euch, lieben Christen g'mein,
und lasst uns fröhlich springen,
dass wir getrost und all in ein
mit Lust und Liebe singen,
was Gott an uns gewendet hat
und seine süße Wundertat;
gar teu'r hat er's erworben.

EG 341,1
T: Martin Luther 1523

DO

Gott hat unser Herz fröhlich gemacht durch die Erlösung von Sünden, Tod und Teufel. Wer das glaubt, muss fröhlich davon singen.

Martin Luther

Singt Gott Psalmen, Hymnen und geistliche Lieder in Dankbarkeit in euren Herzen!

Kolosserbrief 3,16

FR

Wir sind Bettler, das ist wahr!

Martin Luther

Selig, die arm sind vor Gott; denn ihnen gehört das Himmelreich.

Matthäus 5,3

SA

Die lebendige Rede Gottes, durch die der Vater den Sohn im Herzen des Menschen anspricht, können alle lesen und verstehen.

Thomas Müntzer

Das Wort ist ganz nah bei dir, es ist in deinem Mund und in deinem Herzen, du kannst es halten.

Deuteronomium 30,14

▷ **Ignatius von Loyola** ▶

▶ 1491 – 1556 ▷ Ignatius von Loyola

Während sich in Mitteleuropa die Reformation entfaltet, formiert sich um Ignatius eine kleine, scharfsinnige Gegenbewegung von Spaniern als Compañía de Jesús, die Keimzelle eines völlig neuartigen Ordens: Sie sind im Auftrag des Papstes unterwegs und mischen sich weltgewandt und hoch gebildet in Zivil überall auf der Welt unter die Menschen.

SO	*Einzig das sollen wir ersehnen, was uns mehr zu dem Ziel führt, auf das hin wir geschaffen sind.* **Ignatius von Loyola**	Das Ziel vor Augen, jage ich nach dem Siegespreis: der himmlischen Berufung, die Gott uns in Christus Jesus schenkt. Philipperbrief 3,14
MO	*Nicht das viele Wissen befriedigt die Seele, sondern das innerlich die Dinge Verspüren und Schmecken.* **Ignatius von Loyola**	Gewiss, wir alle haben Erkenntnis. Doch die Erkenntnis macht aufgeblasen, die Liebe dagegen baut auf. 1. Korintherbrief 8,1
DI	*Alles zur größeren Ehre Gottes.* **Ignatius von Loyola**	Darum nehmt einander an, wie auch Christus uns angenommen hat, zur Ehre Gottes. Römerbrief 15,7
MI	*Gott in allem suchen und finden.* **Ignatius von Loyola**	Sucht den Herrn, er lässt sich finden, ruft ihn an, er ist nah! Jesaja 55,6

Vergebens ist all Rat und Tat,
was willst du länger säumen?
Es sei nun gleich früh oder spat,
die Festung musst du räumen.
O armes Kind! O Sünder blind!
Was hilft das Widerstreben?
Dein Stärk verschwindt als wie der Wind,
lass ab, es ist vergebens!

GL Trier 767, 2 / GL Köln 753, 2
T: Friedrich Spee 1628

DO

Handle so, als ob alles von dir, nichts von Gott abhinge. Vertraue so auf Gott, als ob alles von Gott, nichts von dir abhinge.

Ignatius von Loyola

Ich vertraue darauf, dass er, der bei euch das gute Werk begonnen hat, es auch vollenden wird.

Philipperbrief 1,6

FR

Nehmt, Herr, und empfangt meine ganze Freiheit. Alles ist euer, verfügt nach eurem Willen.

Ignatius von Loyola

Er führte mich hinaus ins Weite, er befreite mich, denn er hatte an mir Gefallen.

Psalm 18,20

SA

Begnüge dich mit nichts, das weniger ist als Gott.

Mary Ward

Wen habe ich im Himmel außer dir? Neben dir erfreut mich nichts auf Erden.

Psalm 73,2

▷ **Teresa von Ávila** ▶

▶ 1515 – 1582 ▷

Teresa von Ávila

Gottes Gegenwart – für Teresa ein Genuss. Ihm verdankt sie Lebenslust und Kraft. Die spanische Enkelin sephardischer Juden wird weltweit verehrte Karmelitin und Lehrerin christlicher Mystik; Edith Stein lernt bei ihr. Spiritual ihrer Klöster: Johannes vom Kreuz; ihre Devise: Sanftmut statt Rigorismus als Antwort auf Gottes Liebe.

SO	*Nichts ängstige dich: Gott allein genügt.* **Teresa von Ávila**	Wirf deine Sorge auf den Herrn, er hält dich aufrecht. Psalm 55,23
MO	*Er küsse mich mit den Küssen seines Mundes. Was für ein Wort!* **Teresa von Ávila**	Mit Küssen seines Mundes küsse er mich. Süßer als Wein ist deine Liebe. Hoheslied 1,2
DI	*Dein bin ich, dir geboren.* *Was wünschst du, Herr, von mir?* **Teresa von Ávila**	Deinen Willen zu tun, mein Gott, war mein Gefallen, und deine Weisung ist in meinem Innern. Psalm 40,9
MI	*Tu deinem Leib etwas Gutes, damit deine Seele Lust hat darin zu wohnen.* **Teresa von Ávila**	Wer mit sich selbst schlecht umgeht, zu wem wird er gut sein? Jesus Sirach 14,5

Nada te turbe, nada te espante:
quien a Dios tiene nada le falta.
Nada te turbe, nade te espante:
solo Dios basta.

Nichts beunruhige dich,
nichts ängstige dich,
wer Gott hat, dem fehlt nichts.
Nichts beunruhige dich,
nichts ängstige dich:
Gott allein genügt.

GL Mainz 864
T: Teresa v. Ávila 1582

DO

Wenn Rebhuhn, dann Rebhuhn,
wenn Buße, dann Buße!
Teresa von Ávila

Alles hat seine Stunde. Für jedes Geschehen unter dem Himmel gibt es eine bestimmte Zeit.
Kohelet 3,1

FR

Seele, suchen sollst du dich in mir und mich sollst du suchen in dir.
Teresa von Ávila

Ich wurde gesucht von denen, die nicht forschten, ich wurde gefunden von denen, die mich nicht suchten.
Jesaja 65,1

SA

Suche mich richtig,
und du wirst mich finden.
Rufe laut,
und ich werde dich hören.
Maria Magdalena von Pazzi

Sucht den Herrn, er lässt sich finden, ruft ihn an, er ist nah!
Jesaja 55,6

▷ **Johannes vom Kreuz** ▶

Johannes vom Kreuz

Im Gestank seiner spanischen Gefängniszelle schreibt Juan de la Cruz zärtlichste Liebesgedichte an seinen Schöpfer und Erlöser. Als Mitarbeiter an der Reform Teresas von Avila leidet er im Spanien des 16. Jahrhunderts unter Feindseligkeiten aller Art – überstrahlt vom reinen Glück der liebevollen Vereinigung mit Gott.

SO	*O Nacht, liebenswerter als die Morgenröte.* **Johannes vom Kreuz**	Auch die Finsternis ist nicht finster vor dir, die Nacht leuchtet wie der Tag. Psalm 139,12
MO	*Niemand kommt in ein neues, unbekanntes Land, wenn er sich nicht auf neue Wege begibt und die alten verlässt.* **Johannes vom Kreuz**	Wenn also jemand in Christus ist, dann ist er eine neue Schöpfung: Das Alte ist vergangen. 2. Korintherbrief 5,17
DI	*Durch Selbsterkenntnis wird der Mensch von den Unvollkommenheiten gereinigt, denen er in seiner Überheblichkeit verfiel.* **Johannes vom Kreuz**	Vor dem Sturz ist das Herz des Menschen überheblich, aber der Ehre geht Demut voran. Sprichwörter 18,12
MI	*Viele wünschen sich die Freude,* *zu der man durch diese Tür gelangt.* *Aber wenige verlangen,* *durch die Tür des Kreuzes einzugehen.* **Johannes vom Kreuz**	Bemüht euch mit allen Kräften, durch die enge Tür zu gelangen; denn viele, sage ich euch, werden versuchen hineinzukommen, aber es wird ihnen nicht gelingen. Lukas 13,24

Wir danken dir, Herr Jesu Christ,
dass du für uns gestorben bist …
und schöpfen draus die Zuversicht,
dass du uns wirst verlassen nicht,
sondern getreulich bei uns stehn,
dass wir durchs Kreuz ins Leben gehn.

GL 297,1.4
T: Christoph Fischer (vor 1568)

DO

Seit er uns seinen Sohn geschenkt hat, der sein Wort ist, hat Gott uns kein anderes Wort zu geben. Er hat alles zumal in diesem einen Wort gesprochen.
Johannes vom Kreuz

Dieser ist mein geliebter Sohn,
an dem ich Wohlgefallen gefunden habe;
auf ihn sollt ihr hören.
Matthäus 17,5

FR

Wäre das Fenster klar,
so würde der Lichtstrahl es umbilden
und erhellen.
Johannes vom Kreuz

Selig, die rein sind im Herzen,
denn sie werden Gott schauen.
Genesis 37,19-20

SA

Am Abend unseres Lebens werden wir nach der Liebe gefragt.
Johannes vom Kreuz

Amen, ich sage euch:
Was ihr für einen dieser Geringsten
nicht getan habt,
das habt ihr auch mir nicht getan.
Matthäus 25,45

▷ **Angelus Silesius** ▶

▶ 1624–1677 ▷ Angelus Silesius

Als promovierter Mediziner ist Johannes Schefer aus Breslau kein weltfremder Mensch. Der Konvertit und Lieddichter, der sich den Namen Angelus Silesius gibt, schöpft aus den Quellen spanischer, flämischer und schlesischer Mystik. Er verbindet Demut und paulinische Streitbarkeit.

SO

Halt an, wo läufst du hin?
Der Himmel ist in dir!
Suchst du ihn anderswo,
fehlst du ihn für und für.

Angelus Silesius

Wir erwarten, gemäß seiner Verheißung *einen neuen Himmel und eine neue Erde,* in denen die Gerechtigkeit wohnt.

2. Petrusbrief 3,13

MO

Wird Christus tausendmal
in Bethlehem geboren
und nicht in dir,
du bleibst doch ewiglich verloren.

Angelus Silesius

Amen, amen, ich sage dir: Wenn jemand nicht von oben geboren wird, kann er das Reich Gottes nicht sehen.

Johannes 3,3

DI

Die Ros' ist ohn' warum.
Sie blühet, weil sie blühet.
Sie acht nicht ihrer selbst,
fragt nicht, ob man sie siehet.

Angelus Silesius

Alles Fleisch ist wie das Gras, und all seine Schönheit ist wie die Blume auf dem Feld. Das Gras verdorrt, die Blume verwelkt, doch das Wort unseres Gottes bleibt in Ewigkeit.

Jesaja 40,6.8

MI

Mensch, werde wesentlich!
Denn wenn die Welt vergeht,
so fällt der Zufall weg:
Das Wesen, das besteht!

Angelus Silesius

Vorzeiten hast du der Erde Grund gelegt, die Himmel sind das Werk deiner Hände. Sie werden vergehen, du aber bleibst.

Psalm 102,26-27

Morgenstern der finstern Nacht,
der die Welt voll Freuden macht,
Jesu mein, komm herein,
leucht in meines Herzens Schrein.
Schau, dein Himmel ist in mir,
er begehrt dich, seine Zier.
Säume nicht, o mein Licht,
komm, komm, eh der Tag anbricht.

GL 372, 1.2; T: Angelus Silesius 1657

DO

Mensch, was du liebst, in das wirst du verwandelt werden; Gott wirst du, liebst du Gott, nur Erde, liebst du Erden.
Angelus Silesius

Eure Trauer wird sich in Freude verwandeln.
Römerbrief 15,1

FR

Lass meine Seele sich gewöhnen, zu üben in der Liebe Kunst.
Angelus Silesius

Übe dich in der Frömmigkeit. Ihr ist das gegenwärtige und das zukünftige Leben verheißen.
1. Timotheusbrief 4,7-8

SA

Ach, dass ich dich so spät erkannte.
Angelus Silesius

Nehmt mein Joch auf euch und lernt von mir.
Matthäus 11,29

▷ **Friedrich Spee** ▶

Friedrich Spee

Ein Jesuit vom Rhein mit Fernweh: Eigentlich will Spee in Indien missionieren, doch seine Oberen schmettern alle seine Bitten ab. Sein Tatendrang findet ein neues Feld – er wird ein scharfer Kritiker der Hexenprozesse. Kirchenlieder veröffentlicht er anonym, manche davon gehören zu den bekanntesten überhaupt.

SO	*Wo bleibst du,* *Trost der ganzen Welt?* **Friedrich Spee**	Selig die Trauernden, denn sie werden getröstet werden. Matthäus 5,4
MO	*Nimm mich freundlich* *in dein Arme,* *dass ich warme werd* *von Gnaden.* Philipp Nicolai	Als Israel jung war, gewann ich ihn lieb, ich rief meinen Sohn aus Ägypten. Ich war es, der Efraim gehen lehrte, der sie nahm auf seine Arme. Hosea 11,1.3
	Es ist nur ein Gott. *In ihm wirst du auch alle deine Brüder erkennen: Gleich ob Christen, Juden, Türken oder Heiden.* Jakob Böhme	... vor Gott, unserem Retter, er will, dass alle Menschen gerettet werden und zur Erkenntnis der Wahrheit gelangen. 1.Timotheusbrief 2,3-4
MI	*Das ist Gottes Ehrentitel:* *helfen, wann die Not am größten.* Paul Gerhardt	In der Bedrängnis bin ich bei ihm. Psalm 91,15

Wo bleibst du, Trost der ganzen Welt,
darauf sie all ihr Hoffnung stellt?
O komm, ach komm vom höchsten Saal,
komm, tröst uns hier im Jammertal.

EG 7,4 / GL 231,4
T: Friedrich Spee 1622

DO

Ich in dir,
du in mir.
Gerhard Tersteegen

Denn du bist bei mir.
Psalm 23,4

FR

Wir wolln nach Arbeit fragen
und unsre Steine tragen
aufs Baugerüst.
Nikolaus Ludwig von Zinzendorf

Wenn nicht der Herr
das Haus baut,
mühen sich umsonst,
die daran bauen.
Psalm 127,1

SA

Wir stolzen Menschenkinder sind eitel arme Sünder und wissen gar nicht viel. Wir spinnen Luftgespinste und suchen viele Künste und kommen weiter von dem Ziel.
Matthias Claudius

Herr, mein Herz ist nicht stolz,
nicht hochmütig blicken meine Augen.
Psalm 131,1

▷ **Franz von Sales** ▶

Franz von Sales

Ende des 16. Jahrhunderts wird ein Teil der Diözese Genf calvinistisch. Da wirbt Franz per Flugblatt für den katholischen Glauben. Der „Gentleman" unter den Heiligen etabliert mit Johanna Franziska von Chantal Herzensbildung für Kinder und Erwachsene; sein Motto: Alles aus Liebe tun und nichts aus Zwang!

SO

Ich liebe und werde geliebt,
also bin ich!

Franz von Sales

Wir haben die Liebe, die Gott zu uns hat, erkannt und gläubig angenommen.

1. Johannesbrief 4,16

MO

Ein Heiliger, der traurig ist,
ist in Wahrheit
ein trauriger Heiliger.

Franz von Sales

Dient dem Herrn mit Freude!
Kommt vor sein Angesicht mit Jubel.

Psalm 100,2

DI

Eine Frömmigkeit,
die der Berufung und dem Stand
eines Menschen widerspricht,
ist ohne Zweifel falsch.

Franz von Sales

Jeder soll in dem Stand bleiben,
in dem ihn der Ruf Gottes getroffen hat.

1. Korintherbrief 7,20

MI

Gott, der Erschreckende, in seiner
freundlichen Menschlichkeit.
O Wunder, o Größe.

Pierre de Bérulle

Herr, o Herr Gott, Schöpfer aller Dinge,
furchtbarer, starker, gerechter und
barmherziger Gott.

2. Makkabäerbuch 1,24

O Jesu, all mein Leben bist du,
ohne dich nur Tod.
Meine Nahrung bist du,
ohne dich nur Not.
Meine Freude bist du,
ohne dich nur Leid.
Meine Ruhe bist du,
ohne dich nur Streit,
o Jesu.

GL 377,1
T: nach Franz Xaver Ludwig Hartig 1853

DO

Das Wunderbare an den Heiligen ist ihr Leben aus dem Glauben.
Jean-Pierre Caussade

Und das ist der Sieg,
der die Welt besiegt hat:
unser Glaube.
1. Johannesbrief 5,4

FR

Der Dienst an den Armen ist allem anderen vorzuziehen und ohne Aufschub zu leisten.
Vinzenz von Paul

Vor der Tür des Reichen aber lag ein armer Mann namens Lazarus, dessen Leib voller Geschwüre war.
Lukas 16,20

SA

Wie du betest,
so bist du.
Philipp Neri

Denn wir wissen nicht, worum wir in rechter Weise beten sollen; der Geist selber tritt jedoch für uns ein mit unaussprechlichen Seufzern.
Römerbrief 8,26

▷ **Blaise Pascal** ▶

▶ 1623–1662 ▷ Blaise Pascal

Dem Menschen zugleich seine Nichtigkeit und seine Größe vor Augen führen. Ein mathematisches Genie aus auvergnatischem Amtsadel erkennt Mitte des 17. Jahrhunderts in Frankreich die Grenzen des Verstandes. Mit dem Verstand bricht er zwar der Infinitesimalrechnung Bahn, den Unendlichen selbst aber erspürt nur sein Herz.

SO	*Feuer; Gott Abrahams, Gott Isaaks, Gott Jakobs, nicht der Philosophen und Gelehrten. Gewissheit, Gewissheit, Empfinden: Freude, Friede.* **Blaise Pascal**	Denn unser Gott ist verzehrendes Feuer. Hebräerbrief 12,29 / Deuteronomium 4,24
MO	*Was ist der Mensch in der Natur? Ein Nichts vor dem Unendlichen, ein All gegenüber dem Nichts.* **Blaise Pascal**	Was ist der Mensch, dass du seiner gedenkst, oder des Menschen Sohn, dass du dich seiner annimmst? ... mit Herrlichkeit und Ehre hast du ihn gekrönt, alles hast du ihm unter seine Füße gelegt. Hebräerbrief 2,6-8 / Psalm 8,5-7
DI	*Ein Leben in Untätigkeit führt zur Verzweiflung.* **Blaise Pascal**	Was bist du bedrückt, meine Seele, und was ächzt du in mir? Psalm 42,6
MI	*Das Herz hat seine Gründe, die die Vernunft nicht kennt. Es ist das Herz, das Gott spürt und nicht die Vernunft.* **Blaise Pascal**	Ich gebe euch ein neues Herz und lege einen neuen Geist in euer Inneres. Ezechiel 36,26

Seht ihr den Mond dort stehen?
Er ist nur halb zu sehen
und ist doch rund und schön.
So sind wohl manche Sachen,
die wir getrost belachen, weil
unsre Augen sie nicht sehn.

EG 482,3 / GL 93,3
T: Matthias Claudius 1779

DO

Der Mensch ist ein Schilfrohr, das denkt. Er weiß, dass er elend ist; aber er ist groß, da er es weiß.
Blaise Pascal

Du behauptest: Ich bin reich und wohlhabend, und nichts fehlt mir. Du weißt aber nicht, dass gerade du elend und erbärmlich bist, arm, blind und nackt.
Offenbarung 3,17

FR

Der unendliche Abstand zwischen Körper und Geist versinnbildlicht den unendlichen Abstand zwischen Geist und Gottesliebe.
Blaise Pascal

Was der Mensch sät, wird er ernten. Wer im Vertrauen auf das Fleisch sät, wird vom Fleisch Verderben ernten; wer aber im Vertrauen auf den Geist sät, wird vom Geist ewiges Leben ernten.
Galaterbrief 6,7-8

SA

Das vollkommene Gebet und die Liebe zu Gott sind ein und dasselbe.
François Fénelon

Ich aber sage euch: Liebt eure Feinde und betet für die, die euch verfolgen.
Matthäus 5,44

▷ **Sören Kierkegaard** ▶

Sören Kierkegaard

Christlich sei ein jeder Mensch und von gleicher Würde, so Kierkegaard. Folglich zu fragen, ob noch Christentum in der Christenheit sei, bringt dem Dänen Mitte des 19. Jahrhunderts Spott und Polemik ein. Aus großer Schwermut schreibt er Reden, die erbauen wollen, wer wie er redlich sich dem Leben stellt.

SO

Christus will keine Bewunderer,
sondern Nachfolger.

Sören Kierkegaard

Nicht jeder, der zu mir sagt:
Herr! Herr!, wird in das Himmelreich
kommen, sondern nur, wer den Willen
meines Vaters im Himmel erfüllt.

Matthäus 7,21

MO

Beten heißt nicht:
sich selbst reden hören.
Beten heißt: stille werden
und stille sein und hören,
bis der, der betet, Gott hört.

Sören Kierkegaard

Sei still vor dem Herrn
und harre auf ihn!

Psalm 37,7

DI

Unglaube und Aberglaube sind beide Angst
vor dem Glauben.

Sören Kierkegaard

Jesus sagte zu ihm: Alles kann, wer glaubt.
Da rief der Vater des Jungen:
Ich glaube, hilf meinem Unglauben.

Markus 9,23-24

MI

Nur vom Verwandelten können
Verwandlungen ausgehen.

Sören Kierkegaard

Gleicht euch nicht dieser Welt an,
sondern lasst euch verwandeln
durch die Erneuerung des Denkens.

Römerbrief 12,2

Zeit für Neuanfang

Einzig im Auftun
liegt deine Möglichkeit.
Wenn du dich einschließt,
welkst und erstickst du nur.

T: Britt G.Hallqvist 1972
(Ü: Jürgen Henkys)

DO

Man hat das Christentum viel zu sehr zu einem Trost umgearbeitet und vergessen, dass es eine Forderung ist.
Sören Kierkegaard

In der Welt seid ihr in Bedrängnis;
aber habt Mut: Ich habe die Welt besiegt.
Johannes 16,33

FR

Das Vergnügen enttäuscht,
die Möglichkeit nie.
Sören Kierkegaard

Die Welt vergeht und ihre Begierde; wer den Willen Gottes tut, bleibt in Ewigkeit.
1. Johannesbrief 2,17

SA

Der Tag wird kommen, da die ganze Welt gezwungen sein wird zu erkennen, dass Gott so abwesend ist, wie er es nie war.
Léon Bloy

Sie sollten Gott suchen, denn keinem von uns ist er fern. Denn in ihm leben wir, bewegen wir uns und sind wir.
Apostelgeschichte 17,27-28

▷ **John Henry Newman** ▶

John Henry Newman

Der Theologe aus Oxford versucht, seiner Zeit weit voraus, zuerst die anglikanische, dann als Konvertit die katholische Kirche zu erneuern – durch Schärfung des Gewissens und Suche nach Wahrheit. Newman riskiert seine Karriere zu opfern, treu seinem Wahlspruch: Herz spricht zum Herzen.

SO

Führ, liebes Licht, im Ring der Dunkelheit,
führ du mich an!
Die Nacht ist tief, noch ist die Heimat weit,
führ du mich an!

John Henry Newman

Der Herr zog vor ihnen her, bei Tag in einer Wolkensäule, um ihnen den Weg zu zeigen, bei Nacht in einer Feuersäule, um ihnen zu leuchten.

Exodus 13,21

MO

Leben heißt sich verändern; und vollkommen sein, sich oft verändert haben.

John Henry Newman

Bringt Frucht hervor, die eure Umkehr zeigt.

Matthäus 3,8

DI

Glaube kann die Form annehmen, tragfähig zu machen für die Zweifel.

John Henry Newman

Wir wissen weder aus noch ein und verzweifeln dennoch nicht.

2. Korintherbrief 4,8

MI

Wer mehr glaubt, hofft und liebt, kann mehr suchen, empfangen und genießen.

Johann Michael Sailer

Für jetzt bleiben
Glaube, Hoffnung, Liebe,
diese drei.

1. Korintherbrief 13,13

Ach nimm mich hin,
du Langmut ohne Maße;
ergreif mich wohl,
dass ich dich nie verlasse.
Herr, rede nur,
ich geb begierig acht;
führ, wie du willst,
ich bin in deiner Macht.

EG 392,8 / T: Gerhard Tersteegen 1735

DO

Gewöhne dich daran, mit dem Intellekt im Herzen zu beten: Herr Jesus Christus, Sohn Gottes, erbarme Dich meiner!

Theophan Goworow

Der Zöllner aber blieb ganz hinten stehen und wollte nicht einmal, seine Augen zum Himmel erheben, sondern schlug sich an die Brust und betete: Gott, sei mir Sünder gnädig!

Lukas 18,13

FR

Alle, die Jesus nachfolgen, stehen im geistlichen Kampf. Ihn zu führen, lernten die Heiligen in langer Erfahrung durch den Heiligen Geist.

Silvan

Ich habe den guten Kampf gekämpft, den Lauf vollendet, die Treue gehalten.

2. Timotheusbrief 4,7

SA

Man muss um Liebe zum Kreuz bitten, dann wird es süß.

Pfarrer von Ars

Er schrie zum Herrn, und der Herr zeigte ihm ein Stück Holz. Als er es ins Wasser warf, wurde das Wasser süß.

Exodus 15,25

▷ **Therese von Lisieux** ▶

Therese von Lisieux

Im Herzen der Kirche die Liebe sein, das ist der Weg, den die französische Karmelitin den kleinen Weg nennt. Ein künstlerisch begabtes, hochsensibles junges Mädchen, das in ihrem mystischen Erleben Gottes unendliche Liebe, aber auch Gottes Ferne und Anteil an der Passion Christi im Kloster erfährt.

SO

Ich bereue es nicht, mich der Liebe ausgeliefert zu haben.
Nein, ich bereue es nicht.
Im Gegenteil.

Therese von Lisieux

Wir haben die Liebe, die Gott zu uns hat, erkannt und gläubig angenommen.

1. Johannesbrief 4,16

MO

Ich finde nichts mehr in den Büchern, das Evangelium genügt mir und gibt meinen Gebeten Nahrung.

Therese von Lisieux

Maria setzte sich dem Herrn zu Füßen und hörte seinen Worten zu.

Lukas 10,39

DI

Die Null hat keinen Wert, doch in Verbindung mit der Eins wird sie mächtig, vorausgesetzt, dass sie sich auf die richtige Seite stellt.

Therese von Lisieuxa

Viele Erste werden Letzte sein und Letzte Erste.

Matthäus 19,30

MI

Wie Jesus im Garten der Todesangst fühlte ich mich allein. Ich fand keinen Trost. Gott schien mich aufgegeben zu haben.

Therese von Lisieux

Meine Augen verzehren sich nach deinem Spruch, sie sagen:
Wann wirst du mich trösten?

Psalm 119,82

O Kindelein, von Herzen
will ich dich lieben sehr
in Freuden und in Schmerzen,
je länger mehr und mehr,
eja, eja,
je länger mehr und mehr.

GL 239,3 / EG 32,3
T: Friedrich Spee 1637

DO

Da ich nicht den Genuss des Glaubens habe, bemühe ich mich wenigstens, seine Werke zu vollbringen.
Therese von Lisieux

Wir wollen einander lieben, denn die Liebe ist aus Gott.
1. Johannesbrief 4,7

FR

Ich glaube nicht mehr an das ewige Leben. Es bleibt mir nichts mehr als die Liebe.
Therese von Lisieux

Gott ist die Liebe, und wer in der Liebe bleibt, bleibt in Gott und Gott bleibt in ihm.
1. Johannesbrief 4,16

SA

Meine Regel sagt mir: In der Stille liegt eure Kraft.
Therese von Lisieux

Durch Umkehr und Ruhe werdet ihr gerettet, im Stillhalten und Vertrauen liegt eure Kraft.
Jesaja 30,15

▷ **Charles de Foucauld** ▶

Charles de Foucauld

Der Sohn aus reicher Familie sucht lebenshungrig seine Erfüllung. Mit Anfang 40 findet er sie als Einsiedler in Algerien. Nach Jahren im Überfluss will er wie der verlorene Sohn – zurück in der Familie der Kirche – nichts sein als der mittellose Bruder aller Menschen, Christen, Muslime, Juden, zufrieden, zu Jesu Füßen.

SO

*Mein Gott,
wenn es dich gibt,
lass mich dich erkennen.*

Charles de Foucauld

Das aber ist das ewige Leben:
dass sie dich, den einzigen wahren Gott,
erkennen und den du gesandt hast,
Jesus Christus.

Johannes 17,3

MO

*Trage dein Kreuz,
nicht das Kreuz,
sondern deines.*

Charles de Foucauld

Wenn einer hinter mir hergehen will,
verleugne er sich selbst, nehme sein
Kreuz auf sich und folge mir nach.

Matthäus 16,24

DI

*Zeiten der Einsamkeit in Jesu Gesellschaft:
Je mehr es ein öffentliches Leben ist, desto
notwendiger braucht es sie.*

Charles de Foucauld

Kommt mit an einen einsamen Ort, wo
wir allein sind, und ruht ein wenig aus.

Markus 6,31

MI

*Christus redet ohne Buch vom Herzen,
und ohne diese Stimme
nützen alle Bücher nichts.*

Charles de Foucauld

Dann schloss er die Buchrolle, gab sie
dem Synagogendiener und setzte sich.
Die Augen aller in der Synagoge waren
auf ihn gerichtet. Da begann er ihnen
darzulegen: Heute hat sich das Schrift-
wort, das ihr eben gehört habt, erfüllt.

Lukas 4,20-21

Bewahre uns, Gott,
behüte uns, Gott,
sei mit uns auf unsern Wegen.
Sei Quelle und Brot
in Wüstennot,
sei um uns mit deinem Segen.

EG 171,1 / GL 453,1
T: Eugen Eckert 1985/87

DO

Wer Jesus gesehen hat, muss auf anderem Wege heimgehen, dem der Bekehrung, nicht dem der Vergangenheit.
Charles de Foucauld

Hätten sie dabei an die Heimat gedacht, aus der sie weggezogen waren, so wäre ihnen Zeit geblieben zurückzukehren.
Hebräerbrief 11,15

FR

Die Einsamkeit nimmt zu.
Man kommt sich vor wie die Olive, die, nach der Ernte vergessen, allein am Ende des Zweiges hängen blieb.
Charles de Foucauld

Wende dich mir zu und sei mir gnädig; denn ich bin einsam und arm.
Psalm 25,16

SA

Wie Jesus es in seinem irdischen Leben hielt, so werde auch du allen alles.
Madeleine Hutin

Den Schwachen bin ich ein Schwacher geworden, um die Schwachen zu gewinnen. Allen bin ich alle geworden, um auf jeden Fall einige zu retten.
1. Korintherbrief 9,22

▷ **Albert Schweitzer** ▶

Albert Schweitzer

Ein etablierter Theologe und Musiker wird Arzt und leistet in einem Tropenhospital Sühne für das den Farbigen zugefügte Leid. Ethik als grenzenlose Ehrfurcht und Verantwortung gegenüber allem, was lebt. Lieber bei geschlossenem Fenster dumpfe Luft atmen als Insekten an der Lampe sich versengen sehen.

SO

Das Ahnen und das Sehnen aller tiefen Religiosität ist in der Ethik der Ehrfurcht vor dem Leben enthalten.

Albert Schweitzer

Wie könnte etwas ohne deinen Willen Bestand haben oder wie könnte etwas erhalten bleiben, das nicht von dir ins Dasein gerufen wäre? Du schonst alles, weil es dein Eigentum ist, Herr, du Freund des Lebens.

Weisheit 11,25-26

MO

Die höchste Erkenntnis ist, dass alles, was uns umgibt, Geheimnis ist.

Albert Schweitzer

Glaube aber ist: Grundlage dessen, was man erhofft, ein Zutagetreten von Tatsachen, die man nicht sieht.

Hebräerbrief 11,1

DI

Du bist glücklich ... Darum bist du berufen, viel dahinzugeben. Außergewöhnliche Hingabe von Leben an Leben musst du leisten.

Albert Schweitzer

Daran haben wir die Liebe erkannt, dass Er sein Leben für uns hingegeben hat. So müssen auch wir für die Brüder das Leben hingeben.

1. Johannesbrief 3,16

MI

Dass wir milde und friedsam sind und uns selber nicht durchsetzen wollen: dies will der Himmel von uns.

Albert Schweitzer

Selig, die Sanftmütigen; denn sie werden das Land erben.

Matthäus 5,5

Solang es Menschen gibt auf Erden,
solang die Erde Früchte trägt,
solang bist du uns allen Vater;
wir danken Dir für das, was lebt.

GL 425,1 / EG 427,1
T: Huub Oosterhuis 1959
(Ü: Dieter Trautwein 1966/1972)

DO

Kein Irren und keine Untreue von Menschen kann dem Evangelium Jesu die Wahrheit nehmen.

Albert Schweitzer

Zukunft hat der Mann des Friedens. Doch die Abtrünnigen sind allesamt vernichtet; die Zukunft der Frevler ist ausgetilgt.

Psalm 37,37-38

FR

Die Errungenschaften des Wissens sind dem Menschen mehr zum Verhängnis als zum Gewinn geworden.

Albert Schweitzer

Dann sagten sie: Auf, bauen wir uns eine Stadt und einen Turm mit einer Spitze bis in den Himmel! So wollen wir uns einen Namen machen.

Genesis 11,4

SA

Die Atombombe explodierte über uns. Diese Ohnmacht, diese Agonie, dieses Leid, das ist das Wesen des Krieges.

Paul Takashi Nagai - jap. 永井 隆

Euer Land ist verwüstet,
eure Städte sind feuerverbrannt.

Jesaja 1,7

▷ Edith Stein ▶

Edith Stein

Die Philosophin aus Breslau, jüngste von elf Kindern, promoviert bei Edmung Husserl und lehrt in Speyer und Münster. Tief beeindruckt von Teresa von Ávila tritt sie 1933 in den Karmel ein. Aufgrund ihrer jüdischen Herkunft ermorden sie die Nationalsozialisten in Auschwitz.

SO	*Erkennen, Lieben und Dienen (...), das alles ist (...) freie Hingabe seiner selbst in dies geschenkte Leben hinein.* **Edith Stein**	Ich bin gekommen, damit sie das Leben haben, und es in Fülle haben. Johannes 10,10
MO	*Die Hingabe an Gott ist zugleich Hingabe an das eigene gottgeliebte Selbst und die ganze Schöpfung.* **Edith Stein**	Du sollst den Herrn lieben, aus deinem ganzen Herzen (...) und deinen Nächsten wie dich selbst. Lukas 10,27
DI	*An dem Tage, an dem Gott schrankenlose Macht über unser Herz haben wird, werden wir auch schrankenlose Macht über das Seine haben.* **Edith Stein**	Bittet, so wird euch gegeben werden. Matthäus 7,7
MI	*Gott will die Herrschaft über die geschaffenen Geister nur als ein freies Geschenk ihrer Liebe.* **Edith Stein**	Wenn euch also der Sohn befreit, dann seid ihr wirklich. Johannes 8,36

Ohne Vorbehalt und ohne Sorgen
leg ich meinen Tag in deine Hand.
Sei mein Heute, sei mein gläubig Morgen,
sei mein Gestern, das ich überwand.
Frag mich nicht nach meinen Sehnsuchtswegen,
bin aus deinem Mosaik ein Stein.
Wirst mich an die rechte Stelle legen.
Deinen Händen bette ich mich ein.

GL Mainz 710,2;
T: Edith Stein zugeschrieben

DO

Das in Vereinigung mit dem Herrn getragene Leiden ist Sein Leiden.
Edith Stein

Konntet ihr nicht einmal eine Stunde mit mir wachen?
Matthäus 26,40

FR

Ich bitte den Herrn, dass Er mein Leben und Sterben annehmen möchte zu Seiner Ehre und Verherrlichung.
Edith Stein

Vater, die Stunde ist gekommen. Verherrliche deinen Sohn, damit der Sohn dich verherrlicht.
Johannes 17,1

SA

Darum ist die Seele, die sich kraft ihrer Freiheit auf den Geist Gottes oder auf das Gnadenleben stützt, zu einer vollständigen Erneuerung und Umwandlung fähig.
Edith Stein

Seht, ich mache alles neu.
Offenbarung 21,5

▷ **Simone Weil** ▶

1909 – 1943 Simone Weil

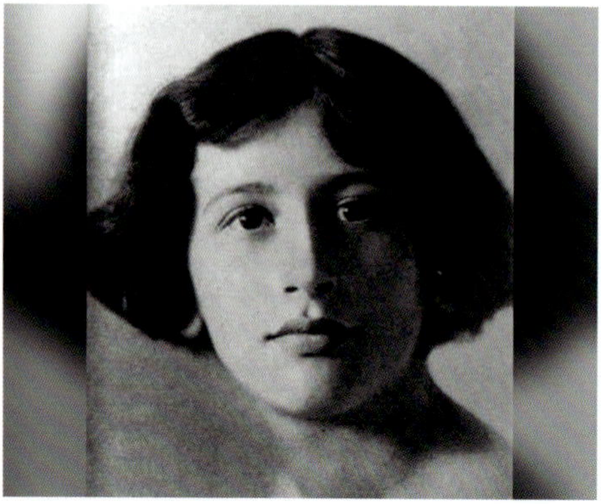

Es geht eine eigenartige Faszination von dieser radikalen Denkerin aus Paris aus. Die Philosophin jüdischer Herkunft ist in verschiedenen Nationen der Arbeiterklasse und dem Widerstand gegen den Nationalsozialismus verpfichtet, doch öfnet sie sich immer mehr der christlichen Mystik.

SO

Das Leben so führen, dass ich mich durch nichts von den Menschen unterscheide: sie kennen und lieben, so wie sie sind!

Simone Weil

In Demut schätze einer den andern höher ein als sich selbst.

Philipperbrief 2,3

MO

Sich bemühen, die Gewalt in der Welt mehr und mehr durch eine wirksame Gewaltlosigkeit zu ersetzen.

Simone Weil

Selig die Sanftmütigen;
denn sie werden das Land erben.

Matthäus 5,5

DI

Die Unmöglichkeit ist die Pforte zum Übernatürlichen. Man kann nur anklopfen. Ein Anderer öffnet.

Simone Weil

Geht durch das enge Tor! Denn weit ist das Tor, das ins Verderben führt, und es sind viele, die auf ihm gehen.
Wie eng ist das Tor und wie schmal der Weg, der zum Leben führt, und es sind wenige, die ihn finden.

Matthäus 7,13-14

MI

Nach meinem Fabrikjahr habe ich mich immer als einen Sklaven angesehen.

Simone Weil

Siehe, der Lohn der Arbeiter, die eure Felder abgemäht haben, der Lohn, den ihr ihnen vorenthalten habt, schreit zum Himmel.

Römerbrief 8,24-25

Stimme, die Stein zerbricht,
kommt mir im Finstern nah,
jemand, der leise spricht:
Hab keine Angst, ich bin da!

GL 417,1
T: Anders Fronstenson „Röst genom sten och järn"
(Ü: Jürgen Henkys 1978)

DO

Entwurzelung ist bei weitem die gefährlichste Krankheit der Gesellschaft, weil sie sich selbst vervielfacht.
Simone Weil

Auf felsigen Boden ist der Samen bei dem gefallen, der das Wort hört und sofort freudig annimmt, er hat aber keine Wurzeln, sondern ist unbeständig.
Matthäus 13,20-21

FR

Das Schöne ist Gegenwart Gottes im Stoff. Die Berührung mit ihm ist ein Sakrament.
Simone Weil

Wenn sie diese [die Naturmächte und Gestirne], entzückt über ihre Schönheit, schon für Götter hielten, dann hätten sie auch erkennen sollen, wie viel besser ihr Gebieter ist; denn der Urheber der Schönheit hat sie erschaffen.
Weisheit 13,3

SA

Man kann den Kontakt mit dem Kosmos nicht bis zum Ende vorantreiben, ohne zu Christus zu gelangen.
Pierre Teilhard de Chardin

Ohne Verstand waren von Natur alle Menschen, denen die Gotteserkenntnis fehlte. Aus den sichtbaren Gütern vermochten sie nicht den Seienden zu erkennen.
Weisheit 13,1

▷ **Dietrich Bonhoeffer** ▶

Dietrich Bonhoeffer

Geprägt durch Erfahrungen in Spanien und Harlem durchschaut der habilitierte lutherische Theologe früh die nationalsozialistische Bedrohung, engagiert sich in Pfarrernotbund und Bekennender Kirche. Aus zweijähriger Haft und Todeszelle schreibt er sein zeitloses Glaubensbekenntnis.

SO

Freisein von etwas erfährt seine Erfüllung erst in dem Freisein für etwas. Freisein um des Freiseins willen führt zur Anarchie.

Dietrich Bonhoeffer

Denn ihr seid zur Freiheit berufen, Brüder und Schwestern. Nur nehmt die Freiheit nicht zum Vorwand für das Fleisch.

Galaterbrief 5,13

MO

Billige Gnade ist der Todfeind unserer Kirche. Unser Kampf heute geht um die teure Gnade.

Dietrich Bonhoeffer

Um einen teuren Preis seid ihr erkauft worden. 1. Korintherbrief 6,20

DI

Fürbitte ist ein schuldiger Dienst, der täglich getan sein will.

Dietrich Bonhoeffer

Vor allem fordere ich zu Bitten und Gebeten, zu Fürbitte und Danksagung auf, und zwar für alle Menschen.

1. Timotheusbrief 2,1

MI

Was mich unablässig bewegt, ist die Frage, wer Jesus Christus heute für uns eigentlich ist.

Dietrich Bonhoeffer

Ihr aber, für wen haltet ihr mich?

Matthäus 16,15

Von guten Mächten wunderbar geborgen,
erwarten wir getrost, was kommen mag.
Gott ist mit uns am Abend und am Morgen
und ganz gewiss an jedem neuen Tag.

EG 65,7 / GL 430,7
T: Dietrich Bonhoeffer 1944

DO

Nicht nur die Tat, sondern auch das Leiden ist ein Weg zur Freiheit. In diesem Sinn ist der Tod die Krönung der menschlichen Freiheit.

Dietrich Bonhoeffer

Fürchte dich nicht vor dem, was du noch erleiden musst. Sei treu bis in den Tod, dann werde ich dir den Kranz des Lebens geben.

Offenbarung 2,10

FR

Es gibt erfülltes Leben trotz vieler unerfüllter Wünsche.

Dietrich Bonhoeffer

Habe deine Lust am HERRN!
So wird er dir geben, was dein Herz begehrt.

Psalm 37,4

SA

Dein Urteilsspruch
ist längst gefällt,
das Kreuz ist dir
schon aufgestellt.

Jochen Klepper

Der Menschensohn wird den Hohenpriestern und Schriftgelehrten ausgeliefert; sie werden ihn zum Tod verurteilen und den Heiden übergeben, damit er verspottet, gegeißelt und gekreuzigt wird; aber am dritten Tag wird er auferstehen.

Matthäus 20,18-19

▷ **Die Weiße Rose** ▶

Die Weiße Rose

Jung, lebensfroh, begabt, gläubig und mutig im Kampf gegen das Böse – ein Geheimbund besonderer Art sind sie. Evangelisch, katholisch, orthodox und freidenkerisch in ihren Wurzeln, finden sie zu Christus als ihrer Mitte und ihrem Halt im Einsatz für die Freiheit bis in den Tod.

SO

Wenn Christus nicht gelebt hätte und nicht gestorben wäre, gäbe es wirklich gar keinen Ausweg. Dann müsste man mit dem Kopf gegen die nächste Mauer rennen und sich den Schädel zertrümmern. So aber nicht.

Hans Scholl

Denn Christus ist gestorben und lebendig geworden, um Herr zu sein über Tote und Lebende.

Römerbrief 14,9

MO

Nichts ist schöner als die Freiheit des Gedankens und die Selbständigkeit des eigenen Willens, wenn man sie nicht fürchtet.

Alexander Schmorell

Darum redet und handelt wie Menschen, die nach dem Gesetz der Freiheit gerichtet werden.

Jakobusbrief 2,12

DI

Ich wusste nicht, dass Sterben so leicht sein kann. In wenigen Minuten sehen wir uns in der Ewigkeit wieder.

Christoph Probst

Wir wissen, dass wir aus dem Tod in das Leben hinübergegangen sind.

1. Johannesbrief 3,14

MI

Dass Gott allwissend ist, daran glaube ich, und die notwendige Folgerung daraus ist, dass er auch von jedem einzelnen weiß, was nach seiner Zeit mit ihm ist, und von uns allen weiß, was nach der Zeit ist.

Sophie Scholl

In deinem Buch sind sie alle verzeichnet; die Tage, die schon geformt waren, als noch keiner von ihnen da war.

Psalm 139,16

Die Stunde kommt, da man dich braucht,
dann sei du ganz bereit.
Und in das Feuer, das verraucht,
wirf dich als letztes Scheit.

Schließ Aug' und Ohr, Strophe 3
T: Friedrich Gundolf 1931

DO

Seid stark und gefasst und vertraut Gottes Hand, der Alles zum Besten lenkt, wenn es auch im Augenblick bitteren Schmerz bereitet.

Willi Graf

Ich vertraue auf Gott und fürchte mich nicht. Was können Menschen mir antun?

Psalm 56,5

FR

Rückkehr zu klaren, sittlichen Grundsätzen, zum Rechtsstaat, zu gegenseitigem Vertrauen, von Mensch zu Mensch, das ist nicht illegal, sondern die Wiederherstellung der Legalität.

Kurt Huber

Weh denen, die das Recht in bitteren Wermut verwandeln und die Gerechtigkeit zu Boden schlagen.

Amos 5,7

SA

Vielleicht muss man erst entdecken, dass man ein Herz hat.

Sophie Scholl

Ich beseitige das Herz von Stein aus eurem Fleisch und gebe euch ein Herz von Fleisch.

Ezechiel 36,26

▷ **Dag Hammarskjöld** ▶

▶ 1905 – 1961 ▷ Dag Hammarskjöld

1961 verliert der schwedische UNO-Generalsekretär bei einem ungeklärten Flugzeugabsturz sein Leben, das inspiriert war von Thomas von Kempens „Nachfolge Christi". Liebe empfand er in der Hingabe an das, was das Leben aufbürdet: Leiden und Pflichten.

SO	*Gib uns Frieden mit dir, Frieden mit den Menschen, Frieden mit uns selbst und befreie uns von Angst.* **Dag Hammarskjöld**	Dies habe ich zu euch gesagt, damit ihr in mir Frieden habt. Johannes 16,33
MO	*Die längste Reise ist die Reise nach innen.* **Dag Hammarskjöld**	Steh auf und iss. Sonst ist der Weg zu weit für dich. Da stand er auf, aß und trank und wanderte, durch diese Speise gestärkt, vierzig Tage und vierzig Nächte bis zum Gottesberg Horeb. 1. Könige 19,7-8
DI	*Nur der verdient Macht, der sie täglich rechtfertigt.* **Dag Hammarskjöld**	Du hättest keine Macht über mich, wenn es dir nicht von oben gegeben wäre; darum hat auch der eine größere Sünde, der mich dir ausgeliefert hat. Johannes 19,11
MI	*Der Weg zur Heilung geht in unserer Zeit notwendig über das Handeln.* **Dag Hammarskjöld**	Da kamen viele Menschen und brachten Lahme, Krüppel, Stumme und viele andere Kranke; sie legten sie ihm zu Füßen und er heilte sie. Matthäus 15,30

Hab keine Angst. Verborgen blinkt ein Zeichen,
sein Name schützt dich, wenn Du weitergehst.
Dein Einsamsein hat Strände, die schon leuchten.
Hab keine Angst. Im Sand ist eine Spur.

T: Ylva Eggehorn „Var inte rädd" 1972
(Ü: Jürgen Henkys)

DO

Nicht ich, sondern Gott in mir.
Dag Hammarskjöld

Könnt ihr den Kelch trinken, den ich trinken werde?
Matthäus 20,22

FR

Des Glaubens Nacht – so dunkel, dass wir nicht einmal den Glauben suchen dürfen … wenn die … Freunde schlafen … und Gott schweigt.
Dag Hammarskjöld

Und er ging zurück und fand sie schlafend. Da sagte er zu Petrus: Simon, du schläfst? Konntest du nicht einmal eine Stunde wach bleiben? Wacht und betet, damit ihr nicht in Versuchung geratet.
Markus 14,37-38

SA

Wir haben ein großes Haus geerbt, ein großes Welthaus, in dem wir zusammen leben müssen.
Martin Luther King

Es gibt nicht mehr Juden und Griechen, nicht Sklaven und Freie, nicht männlich und weiblich; denn ihr alle seid einer in Christus Jesus.
Galater 3,28

▷ **Madeleine Delbrêl ▶**

Madeleine Delbrêl

In ihrer Jugend noch überzeugte Atheistin wird sie zur leidenschaftlichen Christin. Sie lebt die Hingabe einer Karmelitin ohne Habit und Kloster. Mit einer kleinen Gemeinschaft von Frauen wirkt sie als Sozialarbeiterin in einer kommunistisch regierten Kleinstadt unweit von Paris. Ihr Ziel: Evangelisierung durch Liebe.

SO

Das Wort des Herrn, es fordert unsere Achtung; gibt es mögliche Pausen in unserem Tagewerk, so will es ein wenig oder auch viel davon in Beschlag nehmen.

Madeleine Delbrêl

Ich barg deinen Spruch in meinem Herzen.

Psalm 119,11

MO

Brot für die Armen und Erlösung für die Reichen sind zwei untrennbare Imperative der christlichen Gerechtigkeit.

Madeleine Delbrêl

Er richtete seine Augen auf seine Jünger und sagte: Selig, ihr Armen, denn euch gehört das Reich Gottes ... Doch weh euch, ihr Reichen; denn ihr habt euren Trost schon empfangen.

Lukas 6,20

DI

Eine atheistische Welt entsteht nicht neben christlichen Gemeinden, ohne dass diese schuldig wären.

Madeleine Delbrêl

Achtet vielmehr darauf, dem Bruder keinen Anstoß zu geben und ihn nicht zu Fall zu bringen.

Römerbrief 14,13

MI

Christi Worte ... leben. Und dies ganz schlicht, ein bisschen buchstäblich, wie Leute es täten, die das Evangelium zum ersten Mal vernehmen.

Madeleine Delbrêl

Meister, wir haben die ganze Nacht gearbeitet und nichts gefangen. Doch auf dein Wort hin werde ich die Netze auswerfen.

Lukas 5,5

Hilf, Herr meiner Seele,
dass ich dort nicht fehle,
dass ich dort nicht fehle,
wo ich nötig bin.

GL 440,4 / EG 419,4
T: Gustav Lohmann 1962

DO

Wir warten auf die große Passion, aber sie kommt nicht. Was kommt, sind die kleinen Geduldsproben ..., und sie vergessen immer, uns zu sagen, dass sie das Martyrium sind, das uns bestimmt ist.

Madeleine Delbrêl

Im Leiden und in der Geduld nehmt euch die Propheten zum Vorbild, die im Namen des Herrn gesprochen haben. Siehe, wir preisen selig, die geduldig alles ertragen haben.

Jakobusbrief 5,10-11

FR

Die Worte des Evangeliums verwandeln uns nur deshalb nicht, weil wir die Wandlung nicht von ihnen begehren.

Madeleine Delbrêl

Ihr werdet traurig sein, aber eure Trauer wird sich in Freude verwandeln.

Johannes 16,20

SA

Die ersten und unmittelbaren Apostel der Arbeiter müssen die Arbeiterinnen und Arbeiter selbst sein.

Joseph Cardijn

Nehmt immer eifriger am Werk des Herrn teil.

1. Korintherbrief 15,58

▷ **Romano Guardini** ▶

▶ 1885 – 1968 ▷ Romano Guardini

Der gebürtige Italiener ist ein genialer Vordenker – angefochten, glutvoll, einfach. In seiner deutschen Wahlheimat inspiriert er die Jugend, mit dem Blick Christi Gott und die Welt neu zu sehen. Er kritisiert die moderne Unterwerfung unter die Technik.

SO	*Man kann auf die Dauer kein Christ sein, ohne zu beten, so wenig man leben kann, ohne zu atmen.* **Romano Guardini**	So nimmt sich auch der Geist unserer Schwachheit an. Denn wir wissen nicht, was wir in rechter Weise beten sollen. Römerbrief 8,26
MO	*Vielleicht wird Buddha der letzte sein, mit dem das Christentum sich auseinanderzusetzen hat.* **Romano Guardini**	Prüft alles, und behaltet das Gute! 1.Thessalonicherbrief 5,21
DI	*Organisation allein schafft kein Ethos.* **Romano Guardini**	Durch den einen Geist wurden wir in der einen Taufe alle in einen einzigen Leib aufgenommen, Juden und Griechen, Sklaven und Freie. 1. Korintherbrief 12,13
MI	*Das Wissen wächst, die Wahrheit nimmt ab.* **Romano Guardini**	Wir dagegen verkündigen Christus als den Gekreuzigten: für Juden ein Ärgernis, für Heiden eine Torheit, für die Berufenen aber, Juden wie Griechen, Christus, Gottes Kraft und Gottes Weisheit. 1. Korintherbrief 1,23-24

Sohn Gottes,
lass mich heute an deinem Tisch
in Gemeinschaft mit dir
das Abendmahl feiern.

GL Mainz 804,2
T: Jerusalem, 5. Jahrhundert,
byzantinische und mailändische Liturgie
(Ü: Hansjakob Becker)

DO

Es ist nicht gut, vor Wirklichkeiten zu tun, als ob sie nicht da wären, denn dann rächen sie sich.

Romano Guardini

HERR, mein Gott, erleuchte meine Augen, damit ich nicht im Tod entschlafe, damit mein Feind nicht sagen kann: Ich habe ihn überwältigt.

Psalm 13,4-5

FR

… Geborgenheit im Letzten und damit Gelassenheit in allem Vorletzten …

Romano Guardini

Denn Gelassenheit bewahrt vor großen Fehlern.

Kohelet 10,4

SA

Das Mysterium ist immer eines.

Odo Casel

Wahrhaftig, groß ist das Geheimnis unseres Glaubens.

1. Timotheusbrief 3,16

Johannes XXIII. / Paul VI.

Der italienische Bauernjunge ist ein Papst zum Anfassen, ein brüderlicher Hirte. Der vermeintliche Übergangspapst wird zur prägenden Gestalt durch die Einberufung des Konzils. Sein Nachfolger führt es zu Ende und ist der erste Papst, der Israel besucht und dort Patriarch Athenagoras trifft.

SO	*Ohne etwas heilige Verrücktheit kommt die Kirche nicht weiter.* **Johannes XXIII.**	Da die Welt angesichts der Weisheit Gottes auf dem Weg ihrer Weisheit Gott nicht erkannte, beschloss Gott, alle, die glauben, durch die Torheit der Verkündigung zu retten. 1. Korintherbrief 1,21
MO	*Wir werden beten und beraten. Dann wird der Heilige Geist da sein. Und dann werden wir sehen.* **Johannes XXIII.**	Zur Rechten Gottes erhöht, hat er vom Vater den verheißenen Heiligen Geist empfangen und ihn ausgegossen, wie ihr seht und hört. Apostelgeschichte 2, 33
DI	*Alles hören, vieles vergessen, einiges verbessern.* **Johannes XXIII.**	Werdet aber Täter des Wortes und nicht nur Hörer. Jakobusbrief 1,22
MI	*Denken wir nicht von einem Tag zum anderen, sondern von Stunde zu Stunde.* **Johannes XXIII.**	Ermahnt einander jeden Tag, solange es noch heißt: Heute. Hebräerbrief 3,13

***Steig in das Boot,** sagst Du,*
stoß ab vom Sand.
***Fahr gegen Wind,** fahr zu,*
bis du am andern Strand siehst,
was ich tu.

GL Mainz 879,1
T: Muus Jacobse „Ga in het schip, zegt Gij" 1961, nach Markus 6,45-52
(Ü: Jürgen Henkys)

DO

Das Leben ist in jedem Augenblick und in jedem Alter schön, wenn wir nur das unvermeidliche Kreuz hinnehmen und tragen.

Johannes XXIII.

Er hat unsere Krankheit getragen und unsere Schmerzen auf sich geladen.

Jesaja 53,4

FR

Durch dieses Zeugnis ohne Worte wecken diese Christen in den Herzen derer, die ihr Leben sehen, unwiderstehliche Fragen: Warum sind jene so? Warum leben sie auf diese Weise? Was – oder wer – ist es, das sie beseelt?

Paul VI.

Gleicht euch nicht dieser Welt an, sondern wandelt euch und erneuert euer Denken.

Römerbrief 12,2

SA

Seid einfacher. Seid herzlicher. Versucht es wenigstens.

Johannes XXIII.

Unser Brief seid ihr; eingeschrieben in unsere Herzen und von allen Menschen erkannt und gelesen.

2. Korintherbrief 3,2

Ein polnischer und ein deutscher Papst in Folge, als visionäres Tandem unschlagbar: Der eine bezwingt den Eisernen Vorhang in Europa und reißt (nicht nur) die Jugend mit, der andere sichert eine kluge Theologie für die nächsten Generationen. Beide sind bleibende Leuchtfeuer, so umstritten wie mitreißend.

SO

Verzeih uns und gewähre uns die Gnade, die Wunden zu heilen, die deiner Gemeinschaft aufgrund der Sünde noch immer innewohnen.

Johannes Paul II.

Wende dich von deiner Bosheit ab und bitte den Herrn; dass dir das Ansinnen deines Herzens vergeben werde.

Apostelgeschichte 8,22

MO

Die Herausforderung des Friedens, wie sie sich gegenwärtig jedem menschlichen Gewissen stellt, ist verbunden mit dem Problem einer angemessenen Lebensqualität für alle.

Johannes Paul II.

Denn er ist unser Friede. Er vereinigte die beiden Teile [Juden und Heiden] und riss die trennende Wand der Feindschaft in seinem Fleisch nieder.

Epheserbrief 2,14

DI

Die Begegnung zwischen dem Gottesvolk des von Gott nie gekündigten Alten Bundes und dem des Neuen Bundes ist zugleich ein Dialog innerhalb unserer Kirche.

Johannes Paul II.

So überhebe dich nicht über die anderen Zweige. Wenn du es aber tust, sollst du wissen: Nicht du trägst die Wurzel, sondern die Wurzel trägt dich.

Römerbrief 11,18

MI

Normalerweise sind es die kreativen Minderheiten, die entscheidend sind für die Zukunft, und in diesem Sinn muss sich die katholische Kirche als kreative Minderheit verstehen, die ein Erbe an Werten besitzt, die nicht überholt, sondern eine sehr lebendige und aktuelle Wirklichkeit sind.

Benedikt XVI.

Fürchte dich nicht, du kleine Herde! Denn euer Vater hat beschlossen, euch das Reich zu geben.

Lukas 12,32

O Herr,
mach mich zu einem
Werkzeug deines Friedens,
dass ich Liebe übe,
wo man sich hasst,
dass ich verzeihe,
wo man sich beleidigt,
dass ich verbinde,
da, wo Streit ist.

EG 416,1; T: Normandie um 1913,
früher Franz von Assisi zugeschrieben

DO

Die Liebe ist nun dadurch, dass Gott uns zuerst geliebt hat, nicht mehr nur ein „Gebot", sondern Antwort auf das Geschenk des Geliebtseins, mit dem Gott uns entgegengeht.

Benedikt XVI.

Wir wollen lieben, weil er uns zuerst geliebt hat. Wenn jemand sagt: Ich liebe Gott!, aber seinen Bruder hasst, ist er ein Lügner. Denn wer seinen Bruder nicht liebt, den er sieht, kann Gott nicht lieben, den er nicht sieht.

1. Johannesbrief 4,19-20

FR

Wie viele Wege gibt es zu Gott?
So viele, wie es Menschen gibt.

Benedikt XVI.

Wären doch meine Schritte fest darauf gerichtet, deine Gesetze zu beachten.

Psalm 119,5

SA

Der Glaube ist nicht ein Licht, das all unsere Finsternis vertreibt, sondern eine Leuchte, die unsere Schritte in der Nacht leitet, und dies genügt für den Weg.

Franziskus

Du lässt mich den Weg des Lebens erkennen.

Psalm 16,11

▷ **Roger Schutz** ▶

Roger Schutz

Zu einem Zentrum der Jugend aus aller Welt entwickelt sich die von Frère Roger gegründete ökumenische Gemeinschaft in Taizé. Sein Anliegen ist nichts Geringeres als Grenzen zu überwinden – kulturelle wie konfessionelle.

SO	*Wir müssen dem Menschen da begegnen, wo er ist.* **Roger Schutz**	Allen bin ich alles geworden, um auf jeden Fall einige zu retten. 1. Korintherbrief 9,22
MO	*Lebe das, was du vom Evangelium verstanden hast. Und wenn es noch so wenig ist, aber lebe es!* **Roger Schutz**	Handle danach, und du wirst leben. Lukas 10,28
DI	*Gemeinsam mit dem ganzen Volk Gottes kann ein Feuer auf der Erde entzündet werden.* **Roger Schutz**	Ich bin gekommen, um Feuer auf die Erde zu werfen. Wie froh wäre ich, es würde schon brennen. Lukas 12,49
MI	*Vielleicht können wir mit den jungen Leuten weit hinausfahren und mit einer möglichst großen Zahl von Menschen Gemeinschaft finden.* **Roger Schutz**	Jesus sagte: Lasst die Kinder zu mir kommen; hindert sie nicht daran! Denn Menschen wie ihnen gehört das Himmelreich. Dann legte er ihnen die Hände auf. Matthäus 19,14-15

Ach dazu müsse dein Lieb
uns dringen!
Du wollest, Herr,
dies große Werk vollbringen,
dass unter einem Hirten
eine Herde
aus allen werde.

EG 221,3 / GL Mainz 750,3
T: Johann Andreas Cramer 1780

DO

Jeder hat seine eigene Lebenssituation und muss seinen eigenen Rhythmus und seine eigene Disziplin finden.

Max Thurian

Wenn ihr zusammenkommt, trägt jeder etwas bei: einer einen Psalm, ein anderer eine Lehre, der dritte eine Offenbarung; einer redet in Zungen, und ein anderer übersetzt alles. Alles geschehe so, dass es aufbaut.

1. Korintherbrief 14,26

FR

Gebet ist erst dann rechtes Gebet, wenn es mit der Anbetung Gottes die Fürbitte für die leidenden Menschen verbindet.

Max Thurian

Gott ist Geist, und alle die ihn anbeten, müssen im Geist und in der Wahrheit anbeten.

Johannes 4,24

SA

Das geistliche Leben des Christen besteht wesentlich in dem Bewusstsein, dass Jesus Christus sein Freund ist.

Max Thurian

Vielmehr habe ich euch Freunde genannt; denn ich habe euch alles mitgeteilt, was ich von meinem Vater gehört habe.

Johannes 15,15

▷ **Hélder Câmara** ▶

Hélder Câmara

Im Südamerika des 20. Jahrhunderts löst Gott Fesseln. Unter Militärdiktaturen entdecken Priester den Reichtum Jesu Christi bei den Armen am Rand der Gesellschaft. Sie formulieren eine Theologie der Befreiung. Die Kirche wird zur Anwältin der Entrechteten.

SO

Wenn ich den Armen zu essen gebe, nennen sie mich einen Heiligen. Wenn ich frage, warum die Armen kein Essen haben, nennen sie mich einen Kommunisten.

Hélder Câmara

Sie aßen sich satt, wurden fett und lebten gut von deinen reichen Gaben. Dann aber wurden sie trotzig: sie empörten sich gegen dich und kehrten deiner Weisung den Rücken. Deine Propheten warnten sie zwar und wollten sie zu dir zurückführen; doch man tötete sie.

Nehemia 9,25-26

MO

Ich habe Mitleid, Herr, mit den Hungernden. Größeres Mitleid aber habe ich mit den Satten, die sterben an Überdruss und Langeweile.

Hélder Câmara

Da sagte Jesus zu seinen Jüngern: Amen, das sage ich euch: Ein Reicher wird nur schwer in das Himmelreich kommen. Eher geht ein Kamel durch ein Nadelöhr, als dass ein Reicher in das Reich Gottes gelangt.

Matthäus 19,23-24

DI

Herr, wenn das Kreuz nackt auf uns fällt, zermalmt es uns. Wenn mit dem Kreuz Du kommst, küsst Du uns.

Hélder Câmara

Wenn sie mich verfolgt haben, werden sie auch euch verfolgen.

Johannes 15,20

MI

Das christliche Ostern feiert die Auferstehung des Gefolterten und Gekreuzigten.

Leonardo Boff

Hoffnung aber, die man schon erfüllt sieht, ist keine Hoffnung. Wie kann man auf etwas hoffen, das man sieht? Hoffen wir aber auf das, was wir nicht sehen, dann harren wir aus in Geduld.

Römerbrief 8,24-25

Zeit der Besinnung

Komm in unsre stolze Welt,
Herr, mit deiner Liebe Werben.
Überwinde Macht und Geld,
lass Völker nicht verderben.
Wende Hass und Feindsinn
auf den Weg des Friedens hin.

EG 428,1
T: Hans von Lehndorff, 1968

DO

Wir müssen mehr auf Menschen mit Problemen und Konflikten achten, als darauf, dass alles seine Ordnung hat.
Gustavo Gutierrez

Wir müssen als die Starken die Schwäche derer tragen, die schwach sind, und dürfen nicht für uns selbst leben.
Römerbrief 15,1

FR

Mein Blut soll Samenkorn der Freiheit sein und das Zeichen dafür, dass die Hoffnung bald Wirklichkeit sein wird.
Óscar Romero

Siehe, da kommt ja dieser Träumer. Jetzt aber auf, erschlagen wir ihn … Dann werden wir ja sehen, was aus seinen Träumen wird.
Genesis 37,19-20

SA

Die Falschheit des Reichtums besteht darin, dass wir das, was wir haben, mit dem verwechseln, was wir sind.
Ernesto Cardenal

Mein Herz konnte immer durch meinen ganzen Besitz Freude gewinnen. Doch dann dachte ich nach über alle meine Taten … und über den Besitz, für den ich mich bei diesem Tun angestrengt hatte. Das Ergebnis: Das ist alles Windhauch und Luftgespinst.
Kohelet 2,10-11

▷ **Mutter Teresa** ▶

Mutter Teresa

Als Dienerin der Ärmsten auf den Straßen von Kalkutta geht der ursprünglich aus Nordmazedonien stammenden Ordensschwester und Missionarin schon Zeit ihres Lebens der Ruf der Heiligkeit voraus.

SO	*Wenn ich durch die Slums gehe und die dunklen Löcher betrete, dann ist dort Unser Herr wirklich immer gegenwärtig.* **Mutter Teresa**	Was ihr für einen meiner geringsten Brüder getan habt, das habt ihr mir getan. Matthäus 25,40
MO	*Auch wir müssen Armut erfahren, wenn wir wahre Boten der Liebe Gottes sein wollen.* **Mutter Teresa**	Wir sind arm und machen doch viele reich; wir haben nichts und haben doch alles. 2. Korintherbrief 6,10
DI	*Keinem Menschen etwas zu bedeuten, das ist eines der schwersten Leiden.* **Mutter Teresa**	Das Niedrige in der Welt und das Verachtete hat Gott erwählt: das, was nichts ist. 1. Korintherbrief 1,28
MI	*Denkt an die fünf Finger: Das – habt – ihr – mir – getan.* **Mutter Teresa**	Vergesst nicht, Gutes zu tun und mit anderen zu teilen; denn an solchen Opfern hat Gott Gefallen. Hebräerbrief 13,16

Der du uns weit voraus
in Elendswelten gehst,
sende mit Brot uns aus,
Herr, und mit Frieden.

GL Mainz 794,4
T: Olov Hartmann „Du som gick före oss" 1968
(Ü: Jürgen Henkys 1982)

DO

Häufig kommt es vor, dass diejenigen, die ihre Zeit dafür verwenden, anderen Menschen Licht zu schenken, selbst in der Dunkelheit bleiben.

Mutter Teresa

Der das Licht formt und das Dunkel erschafft ... Ich bin der HERR, der all dies macht.

Jesaja 45,7

FR

Was sagte Jesus – das Kreuz vor Ihm herzutragen oder Ihm zu folgen?

Mutter Teresaa

Wenn einer hinter mir hergehen will, verleugne er sich selbst, nehme sein Kreuz auf sich und folge mir nach.

Matthäus 16,24

SA

Es gibt wohl nichts, was die Welt so sehr verachtet und verdrängt wie den Schmerz. Dabei kann er uns mit Gott erfüllen wie kaum etwas anderes.

Chiara Lubich

Aber er hat unsere Krankheit getragen und unsere Schmerzen auf sich geladen.

Jesaja 53,4

▷ **Hans Urs von Balthasar** ▶

Hans Urs von Balthasar

Der „gebildetste Mann seiner Zeit" im Herzen Europas hätte auch Musiker oder Literat werden können. Der Schweizer türmt ein theologisches Gebirge auf. Der Jesuit bricht Bahn für eine Mystik des 20. Jahrhunderts, fulminante Formulierungen fassen behutsam die göttliche „Herrlichkeit".

SO

Immer ist für alles Geschenkte zu danken, immer ist die Tatsache der Communio preisend anzubeten.

Hans Urs von Balthasar

Gott aber hat den Leib so zusammengefügt, dass er dem benachteiligten Glied umso mehr Ehre zukommen ließ, damit im Leib kein Zwiespalt entstehe, sondern alle Glieder einträchtig füreinander sorgen.

1. Korintherbrief 12,24-25

MO

Wir können nicht im voraus sagen, wer den längeren Atem haben wird: Gottes Ja oder des Menschen Nein.

Hans Urs von Balthasar

Wir alle müssen vor dem Richterstuhl Christi offenbar werden.

2. Korintherbrief 5,10

DI

Der Ungläubige, der Gleichgültige und nicht selten auch der Fromme überbieten sich gegenseitig an Erfindungsgabe, um sich gegen Gott zu sichern.

Henri de Lubac

Wie es in der Schrift heißt:
Es gibt keinen, der gerecht ist, auch nicht einen; es gibt keinen Verständigen, keinen der Gott sucht.

Römerbrief 3,10-11

MI

Die Erfahrung des Nichts und des Dunkels kann sich verwandeln in das Vertrauen auf den dunklen Gott.

Bernhard Welte

Würde ich sagen: „Finsternis soll mich bedecken, statt Licht soll Nacht mich umgeben", auch die Finsternis wäre für dich nicht finster, die Nacht würde leuchten wie der Tag, die Finsternis wäre wie Licht.

Psalm 139,11-12

Manchmal kennen wir Gottes Willen,
manchmal kennen wir nichts.
Erleuchte uns, Herr, wenn die Fragen kommen.
Manchmal sehen wir Gottes Zukunft,
manchmal sehen wir nichts.
Bewahre uns, Herr, wenn die Zweifel kommen.

GL (1975) 299,1.2
T: Kurt Marti / Arnim Juhre 1966

DO

Darum macht der Glaube, wo immer er sich zur Hoffnung entfaltet, nicht ruhig, sondern unruhig, nicht geduldig, sondern ungeduldig.

Jürgen Moltmann

Der Pflüger wie der Drescher sollen ihre Arbeit in der Erwartung tun, ihren Teil zu erhalten.

1. Korintherbrief 9,10

FR

Gnade kann man nicht suchen, Gnade kann man nur finden.

Karl Barth

Da sagte der Engel zu ihr: Fürchte dich nicht, Maria, denn du hast bei Gott Gnade gefunden.

Lukas 1,30

SA

Die Kirche ist nur katholisch, wenn sie die in allen Kirchen vorhandenen Gaben aufnimmt und sammelt.

Yves Congar

So sollen wir alle zur Einheit im Glauben und in der Erkenntnis des Sohnes Gottes gelangen, damit wir zum vollkommenen Menschen werden und Christus in seiner vollendeten Gestalt darstellen.

Epheserbrief 4,13

▷ **Thomas Merton** ▶

Seine Autobiographie wurde ein Überraschungserfolg in den Nachkriegsjahren – und auch in den folgenden zwei Jahrzehnten lässt sich der amerikanische Mönch vom Schweigegebot nicht daran hindern, unablässig zum Weltgeschehen Stellung zu beziehen: zur Bürgerrechtsbewegung, zum Wettrüsten im Kalten Krieg und dem interreligiösen Dialog.

SO

Sich auf eine neue Erfahrungsebene zu begeben, ist immer schmerzlich und sogar beängstigend.

Thomas Merton

Jesus streckte sofort die Hand aus, ergriff ihn und sagte zu ihm: Du Kleingläubiger, warum hast du gezweifelt?

Matthäus 14,31

MO

Die Psalmen sind für mich eins der wichtigsten Lebensmittel. Ohne sie tritt oft die spirituelle Magersucht ein. Findet euren eigenen Psalm.

Dorothee Sölle

Jesus aber antwortete: In der Schrift heißt es: Der Mensch lebt nicht nur vom Brot, sondern von jedem Wort, das aus Gottes Mund kommt.

Matthäus 4,4

DI

Eine Spur des Überschwänglichen aber lebt in jedem echten Gefühle religiöser Beseligung, auch wo es in Maßen und beherrscht auftritt.

Rudolf Otto

Heilig und Furcht gebietend ist sein Name.

Psalm 111,9

MI

Man muss aufhören zu denken,
und statt dessen ganz ruhig werden,
damit es von innen heraussprudeln kann.

Hugo Enomiya-Lassalle

Selig der Mann, … der Gefallen hat an der Weisung des HERRN, bei Tag und bei Nacht über seine Weisung nachsinnt.

Psalm 1,1-2

Der Geist bringt gute Früchte,
sie wachsen, wo er weht.
Die Freude wächst, der Friede
und Liebe, die versteht.
Geduld, sich zu ertragen,
Güte, die freundlich lacht –
und Glaube, viel zu fragen,
wo niemand sonst mehr fragt.

T: Willem Barnard „Wat zijn de goede vruchten" 1963
(Ü: Jürgen Henkys)

DO

Das göttliche Mysterium ist überall und in den Herzen aller Menschen zugegen. Es ist in jeder Religion.

Bede Griffiths

Der Wind weht, wo er will; du hörst sein Brausen, weißt aber nicht, woher er kommt und wohin er geht.

Johannes 3,8

FR

Was bewegt mich dazu, mich zur christlichen Lehre von Gottes Dreieinigkeit mit Überzeugung zu bekennen? Die Kurzantwort lautet: persönliche Erfahrung – eine Erfahrung, die so tief wurzelt, dass sie über individuelles Erleben hinausreicht und Allgemeingültigkeit beansprucht.

David Steindl-Rast

O Tiefe des Reichtums, der Weisheit und der Erkenntnis Gottes! Denn aus ihm und durch ihn und auf ihn hin ist die ganze Schöpfung.

Römerbrief 11,33.36

SA

Ich war hierher gekommen, um Dich, Jesus, meinen Hindubrüdern bekannt zu machen, doch Du bist es, der sich mir durch ihre Vermittlung zu erkennen gab.

Henri Le Saux – Swami Abhishiktananda

Die Stunde kommt, und sie ist schon da, zu der die wahren Beter den Vater anbeten werden im Geist und in der Wahrheit.

Johannes 4,23

▷ **Karl Rahner** ▶

▶ 1904 – 1984 ▷ Karl Rahner

Der deutsche Jesuit baut Brücken zwischen zeitgenössischer Philosophie und Theologie. Kann man Gott denken – noch im 20. Jahrhundert? Ja! Dank Gottes Gnade sogar tief und innig. In der Mystik sieht Rahner die Chance für den Einzug des Ewigen in die Gegenwart – auch in die Strukturen der Kirche.

SO	*Der Fromme von morgen wird ein „Mystiker" sein, einer der etwas „erfahren" hat, oder er wird nicht mehr sein.* **Karl Rahner**	Ich bin mit Christus gekreuzigt worden. Nicht mehr ich lebe, sondern Christus lebt in mir. Galaterbrief 2,19-20
MO	*Du hast mich deines Seins und Lebens teilhaftig gemacht, weil du ja die innerste Mitte meines Lebens geworden bist.* **Karl Rahner**	Ich bin der „Ich bin da". Exodus 3,14
DI	*Glauben heißt: die Unbegreiflichkeit Gottes ein Leben lang aushalten.* **Karl Rahner**	Niemand sah deine Spuren. Psalm 77,20
MI	*Christ sein: Ohne die Stütze der öffentlichen Meinung die Verantwortung des eigenen Lebens anzunehmen.* **Karl Rahner**	Mir macht es allerdings gar nichts aus, wenn ihr oder ein menschliches Gericht über mich urteilt. 1.Korintherbrief 4,3

Ich steh vor dir mit leeren Händen, Herr;
fremd wie dein Name sind mir deine Wege.
Seit Menschen leben, rufen sie nach Gott;
mein Los ist Tod, hast du nicht andern Segen?
Bist du der Gott, der Zukunft mir verheißt?
Ich möchte glauben, komm mir doch entgegen.

GL 422,1 / EG 382,1
T: Huub Oosterhuis 1966
(Ü: Lothar Zenetti 1973)

DO

Gott ist das letzte Wort vor unserem Verstummen.
Karl Rahner

Noch liegt mir das Wort nicht auf der Zunge – du, Herr, kennst es bereits.
Psalm 139,4

FR

Die Unlösbarkeit des Geheimnisses, das Gott heißt, bedingungslos anzunehmen heißt glauben und hoffen und lieben.
Karl Rahner

Dadurch sollen sie getröstet werden, verbunden in der Liebe, um die Tiefe und reiche Einsicht zu erlangen.
Kolosserbrief 2,2-3

SA

Bei aller Wut im Einzelfall habe ich keine Schwierigkeit, die Amtskirche als die Konkretheit der charismatischen Kirche zu akzeptieren.
Karl Rahner

Wisst ihr nicht, dass ihr Gottes Tempel seid und der Geist Gottes in euch wohnt? Wer den Tempel Gottes zerstört, den wird Gott zerstören. Denn Gottes Tempel ist heilig, und der seid ihr.
1. Korintherbrief 3,16-17

▷ **Huub Oosterhuis** ▶

Huub Oosterhuis

Ein sprachbegabter Jesuit erschafft im Geist der Liturgiereform Gebete und Lieder. Mit der Amsterdamer Studentenekklesia entwickelt er Liturgie weiter. Der wichtigste Gegenstand liturgischer Erneuerung ist der Gesang. Die Arbeit im „Lehrhaus“ verankert ihn in der Schrift und verbindet ihn mit dem Leben.

SO	*Er schrieb sein Wort, gegeben, zum Schutz für unser Leben.* **Huub Oosterhuis**	Denn das Wort des HERRN ist redlich, all sein Tun ist verlässlich. Psalm 33,4
MO	*Wir sind mitten im Leben zum Sterben bestimmt.* Lothar Zenetti	Der HERR hat gegeben, der HERR hat genommen; gelobt sei der Name des HERRN. Ijob 1,21
DI	*Manchmal feiern wir mitten am Tag ein Fest der Auferstehung.* Alois Albrecht	Seid ihr nun mit Christus auferweckt, so strebt nach dem was oben ist. Kolosserbrief 3,1
MI	*Jesus Christus öffnet allen Menschen die Tür in das Haus seines Vaters, auch jenen, die nie erfahren werden, dass Jesus sie geöffnet hat.* Henri Nouwen	Ich bin die Tür; wer durch mich hineingeht, wird gerettet werden; er wird ein- und ausgehen und Weide finden. Johannes 10,9

Was leichthin über dich geschrieben steht:
Dass du bist die Glut von dem, was lebt,
der Seelenfunken, der den Brand entfacht,
der Atemquell, der uns zu trinken gibt.

Was feurig steht geschrieben, dass du kommst,
rettest, was verloren ist, dies Wort,
dass du ein Herz hast, Augen, dass du hörst,
‚Ich werde da sein', Lichtblick, neuer Bund.

T: Huub Oosterhuis
(Ü: B. Kasper-Heuermann)

DO

Erinnern wir einander daran, dass nicht Erfolgreich-Sein, sondern Fruchtbar-Sein uns wahre Freude schenkt.

Henri Nouwen

Die Frucht des Geistes aber ist Liebe, Freude, Friede, Langmut, Freundlichkeit, Güte, Treue, Sanftmut und Enthaltsamkeit.

Galaterbrief 5,22

FR

Du kannst in Gesichtern lesen:
Narben, Runzeln, bis ins Grab
schuldzerrissne Menschenwesen.
Wisch doch Schuld und Tränen ab.

Matthaeus Verdaasdonk

Er wird alle Tränen von ihren Augen abwischen:
Der Tod wird nicht mehr sein, keine Trauer, keine Klage, keine Mühsal.

Offenbarung 21,4

SA

Gott selbst macht den Beginn,
und er steht auch am Ende.
Sein Wort ist Weg und Wende,
Ursprung und Ziel und Sinn.

Jürgen Henkys

Ich bin das Alpha und das Omega,
der Erste und der Letzte,
der Anfang und das Ende.

Offenbarung 22,13

▷ Pierre Claverie ▶

Pierre Claverie

Der Dominikaner, Kind einer französischen Familie in Algier, nach eigenen Aussagen aufgewachsen in einer „koloniale Seifenblase“ übernahm nach seinem Studium die Leitung des Centre des Glycines in Algier für Arabistik und Islamstudien. Er gilt als Pionier des christlich-islamischen Dialogs. Bischof Claverie kam gemeinsam mit seinem muslimischen Freund bei einem Attentat ums Leben.

SO

Die Religion kann auch der Ort der schlimmsten Fanatismen sein. Der Dialog ist immer wieder neu aufzunehmen. Nur so ist es möglich, den Fanatismus zu entwaffnen, in uns und beim anderen.

Pierre Claverie

Seid stets bereit, jedem Rede und Antwort zu stehen, der von euch Rechenschaft fordert über die Hoffnung, die euch erfüllt.

1. Petrusbrief 3,15

MO

Wir sind Missionare der Liebe Gottes, so wie wir sie in Jesus Christus entdeckt haben, und das wollen wir auch sein.

Pierre Claverie

Daran haben wir die Liebe erkannt, dass er sein Leben für uns hingegeben hat. So müssen auch wir für die Brüder das Leben hingeben.

1. Johannesbrief 3,16

DI

Seit langem haben wir unseren Brunnen nicht mehr tiefer gegraben. Was werden wir finden – muslimisches oder christliches Wasser? Der Grund des Brunnens ist das Wasser Gottes.

Christian de Chergé

Denn mein Volk hat doppeltes Unrecht verübt: Mich hat es verlassen, den Quell des lebendigen Wassers, um sich Zisternen zu graben, Zisternen mit Rissen, die das Wasser nicht halten.

Jeremia 2,13

MI

Weil der Tod Begegnung mit Gott ist, kann er keinen Schrecken auslösen. Der Tod, das ist Gott.

Frère Luc (Paul Dochier)

In den Augen der Menschen wurden sie gestraft, doch ihre Hoffnung ist voll Unsterblichkeit.

Weisheit 3,4

Wir bitten euch durch Christi Blut,
die ihr nun weilt beim höchsten Gut,
tragt vor die Not der Christenheit
der heiligsten Dreifaltigkeit.

Gl 542,6
T: nach Köln 1623

DO

Im Abgrund meines Leidens … habe ich niemals aufgehört, alle zu lieben. Niemanden habe ich aus meinem Herzen ausgeschlossen.
François-Xavier Kardinal Nguyên van Thuán

Ich aber sage euch: Liebt eure Feinde und betet für die, die euch verfolgen.
Matthäus 5,44

FR

Gib dich selbst als Opfer hin und empfange die Kommunion im Geiste. Dein Herz wird überströmen von Mut und Trost.
François-Xavier Kardinal Nguyên van Thuán

Wenn jemand mich liebt, wird er mein Wort halten; mein Vater wird ihn lieben und wir werden zu ihm kommen und bei ihm Wohnung nehmen.
Johannes 14,23

SA

In der schweigenden Tiefe deines Seins entdeckst du, worauf es ankommt: Opfer, Geduld, Betrachtung, Liebe.
François-Xavier Kardinal Nguyên van Thuán

Zeige mir den Weg, den ich gehen soll; denn ich erhebe meine Seele zu dir.
Psalm 143,8

▷ Jesus von Nazareth ▶

Heiteres Licht vom herrlichen Glanze
deines unsterblichen, heiligen,
sel'gen himmlischen Vaters:
Jesus Christus,
dich verherrlichen alle Geschöpfe.

Phos hilaron, 1.Strophe, byzantinisch, 2.Jh.

SO	*Kommt alle zu mir, die ihr euch plagt und schwere Lasten zu tragen habt.* **Matthäus 11,28**	Aber er hat unsere Krankheit getragen und unsere Schmerzen auf sich geladen. Jesaja 53, 4
MO	*Dein Wille geschehe wie im Himmel, so auf der Erde.* **Matthäus 6,10**	Ich gebe meinen Geist in euer Inneres und bewirke, dass ihr meinen Gesetzen folgt und auf meine Rechtsentscheide achtet und sie erfüllt. Ezechiel 36, 27-28
DI	*Jesus zog durch alle Städte und Dörfer, lehrte in ihren Synagogen, verkündete das Evangelium vom Reich und heilte alle Krankheiten und Leiden.* **Matthäus 9,35**	Denn der Herr hat mich gesalbt; er hat mich gesandt, um den Armen frohe Botschaft zu bringen, um die zu heilen, die gebrochenen Herzens sind, um den Gefangenen Freilassung auszurufen und den Gefesselten Befreiung. Jesaja 61,1
MI	*Mit dem Himmelreich ist es wie mit einem Mann, der guten Samen auf seinen Acker säte.* **Matthäus 13,24**	So ist es mit dem Wort, das meinen Mund verlässt: Es kehrt nicht leer zu mir zurück, ohne zu bewirken, was ich will, und das zu erreichen, wozu ich es ausgesandt habe. Jesaja 55,10-11

Jesu, meine Freude,
meines Herzens Weide, Jesu meine Zier:
Gottes Lamm, mein Bräutigam,
außer dir soll mir auf Erden
nichts sonst liebers werden.

EG 396,1
T: Johann Franck 1653

DO

Mit dem Himmelreich ist es wie mit dem Sauerteig, den eine Frau unter einen großen Trog Mehl mischte, bis das Ganze durchsäuert war.

Matthäus 13,33

„Sieh doch zum Himmel hinauf und zähl die Sterne, wenn du sie zählen kannst! So zahlreich werden deine Nachkommen sein." Und Abraham glaubte dem Herrn.

Genesis 15,5-6

FR

Mit dem Himmelreich ist es wie mit einem Schatz, der in einem Acker vergraben war. Ein Mann entdeckte ihn, und in seiner Freude verkaufte er alles, was er besaß, und kaufte den Acker.

Matthäus 13,44

Wer mich sucht, findet mich.

Sprichwörter 8,17

SA

Seid gewiss: Ich bin bei euch alle Tage bis zum Ende der Welt.

Matthäus, 28,20

Nähme ich die Flügel des Morgenrots, ließe ich mich nieder am Ende des Meeres, auch dort würde deine Hand mich leiten und deine Rechte mich ergreifen.

Psalm 139,9-10

QUELLENANGABEN UND RECHTENACHWEISE FÜR DIE TEXTE

35. Woche:

Sonntag und Dienstag: Albert Schweitzer, Kultur und Ethik, © C.H. Beck Verlag, München 1923, GW II, S. 375-395

Montag, Mittwoch bis Freitag: Albert Schweizer, Das Christentum und die Weltreligionen, © C.H. Beck Verlag, München 1925, S. 35, 53, 57, 46

40. Woche:

Dag Hammarskjöld, Zeichen am Weg. Das spirituelle Tagebuch des UN-Generalsekretärs. Aus dem Schwedischen von Anton Graf Knyphausen, © 2011 Verlag Freies Geistesleben & Urachhaus GmbH, Stuttgart, 7. Auflage 2022: S. 162 (Sonntag), S. 30 (Montag), S. 102 (Dienstag), S. 145 (Mittwoch), S. 122 (Donnerstag), S. 126 (Freitag)

Samstag, M.L. King, Where Do We Go from Here: Chaos or Community? Beacon Press 1967

41. Woche:

Sonntag und Dienstag: Madeleine Delbrêl, Wir Nachbarn der Kommunisten, © Johannes Verlag Einsiedeln, Freiburg 1975, S. 61, 129

Montag: Madeleine Delbrêl, Auftrag des Christen in einer Welt ohne Gott, © Johannes Verlag Einsiedeln, Freiburg 3. Auflage 2016, S. 116

Mittwoch: Madeleine Delbrêl, Frei für Gott. Über Laien-Gemeinschaften in der Welt, © Johannes Verlag Einsiedeln, Freiburg 2. Auflage 1991, S. 14

Donnerstag: Madeleine Delbrêl, Der kleine Mönch, übersetzt von Bernhard Matheis, © 1981 Verlag Herder GmbH, Freiburg i.Br., S. 81f.

Freitag und Umschlagrückseite: Madeleine Delbrêl, Gebet in einem weltlichen Leben, © Johannes Verlag Einsiedeln, Freiburg 8. Auflage 2018, S. 17 und 52

42. Woche:

Sonntag: Alle Autorenrechte liegen bei der Katholischen Akademie in Bayern. Romano Guardini, Vorschule des Betens, 13. Auflage 2014, S. 13. Verlagsgemeinschaft Matthias Grünewald, Ostfildern / Ferdinand Schöningh, Paderborn

Montag: Alle Autorenrechte liegen bei der Katholischen Akademie in Bayern. Romano Guardini, Der Herr. Betrachtungen über die Person und das Leben Jesu Christi, 21. Auflage 2021, S. 367. Verlagsgemeinschaft Matthias Grünewald, Ostfildern / Brill l Ferdinand Schöningh, Paderborn

Dienstag und Donnerstag: Romano Guardini, die Macht – Versuch einer Wegweisung, Werkbund Verlag Würzburg 1952, S. 67 und 128

Mittwoch: Alle Autorenrechte liegen bei der Katholischen Akademie in Bayern. Romano Guardini, Der unvollständige Mensch und die Macht, in: ders., Sorge um den Menschen, Band 1. 4. Auflage 1988, S. 50. Verlagsgemeinschaft Matthias Grünewald, Mainz / Ferdinand Schöningh, Paderborn

Freitag: Alle Autorenrechte liegen bei der Katholischen Akademie in Bayern. Romano Guardini, Welt und Person. Versuche zur christlichen Lehre vom Menschen, 7. Auflage 2018, S. 193. Verlagsgemeinschaft Matthias Grünewald, Ostfildern / Ferdinand Schöningh, Paderborn

43. Woche:

Sonntag: https://www.papagiovanni.com/sito/la-vita/flash-della-vita.html (Übersetzung: Birthe Mühlhoff)

Montag: Manfred Plate, Weltereignis Konzil. Darstellung, Sinn, Ergebnis, Verlag Herder, Freiburg i. Br. [u.a.] 1966, S. 16

Dienstag, Mittwoch und Freitag: Johannes XXIII., Geistliches Tagebuch und andere geistliche Schriften, Verlag Herder, Freiburg i. Br. 1964, S. 372, 186 und 416f
Donnerstag und Samstag: Johannes XXIII., Brevier des Herzens, Heinrich Scheffler Verlag, Frankfurt a.M. 1967, S. 152 und 371

44. Woche:
Sonntag: https://www.vatican.va/news_services/liturgy/documents/ns_lit_doc_20000312_prayer-day-pardon_ge.html – Vergebungsbitte VI (download 24.8.22)
Montag: https://www.vatican.va/content/john-paul-ii/de/speeches/1986/october/documents/hf_jp-ii_spe_19861027_prayer-peace-assisi-final.html – Absatz 4
Dienstag: https://m.vatican.va/content/john-paul-ii/de/speeches/1980/november/documents/hf_jp_ii_spe_19801117_ebrei-magonza.pdf
Mittwoch: https://www.vatican.va/content/benedict-xvi/de/speeches/2009/september/documents/hf_ben-xvi_spe_20090926_interview.html
Donnerstag: https://www.vatican.va/content/benedict-xvi/de/encyclicals/documents/hf_ben-xvi_enc_20051225_deus-caritas-est.html – Absatz 1
Freitag: https://www.vatican.va/content/paul-vi/de/apost_exhortations/documents/hf_p-vi_exh_19751208_evangelii-nuntiandi.html
Samstag: https://www.vatican.va/content/francesco/de/encyclicals/documents/papa-francesco_20130629_ enciclica-lumen-fidei.html (Enzyklika Lumen fidei, Absatz 57)
Alle © Dicastero per la Comunicazione-Libreria Editrice Vaticana
Freitag: Joseph Ratzinger / Peter Seewald, Salz der Erde, © 1996, Deutsche Verlags-Anstalt, München in der Penguin Random House Verlagsgruppe GmbH, S. 35

45. Woche:
Sonntag und Montag: Martin Weimer, Das große Buch der christlichen Zitate, München 2005, S. 34 und 263
Dienstag: Frère Roger Schutz, die Quellen von Taize. Regel und Briefe, Verlag Herder GmbH, Freiburg i. Br. 15. Auflage 1987, S. 83-85
Mittwoch: Br. Roger, Prior von Taizé: Kampf und Kontemplation. Lutte et contemplation. Les Presses de Taizé 1973
Donnerstag, Freitag und Samstag: Max Thurian, Aktion und Kontemplation, Gütersloher Verlagshaus, Gütersloh 1963

46. Woche:
Sonntag: Dom Helder Câmara: Proclamas a la Juventud, ed. Benedicto Tapia de Renedo (Pedal 64) Salamanca: Sigueme 1976, S. 185-186 (Übersetzung Birthe Mühlhoff)
Montag: Dom Helder Câmara, Der Traum von einer anderen Welt, © 1987 Piper Verlag GmbH, München, S. 71
Dienstag: Dom Hélder Câmara: Stimme der stummen Welt, © 1989 Piper Verlag GmbH, München, S. 93.
Mittwoch: https://leonardoboff.org/2019/05/17/auferstehung-eines-gefolterten-und-gekreuzigten/
Donnerstag: Gustavo Gutiérrez, Von Gott sprechen in Unrecht und Leid. Aus dem Spanischen übersetzt von Horst Goldstein, S. 113 © für die deutsche Übersetzung: Matthias Grünewald Verlag. Verlagsgruppe Patmos in der Schwabenverlag AG, Ostfildern 1988

Freitag: Oscar Arnulfo Romero, Die notwendige Revolution. Mit einem Beitrag von Jon Sobrino über den Märtyrer der Befreiung, Christian Kaiser Verlag, München 1982, S. 60
Samstag: Ernesto Cardenal, Das Buch von der Liebe, Gütersloher Verlagshaus, Gütersloh 1993, S. 84

47. Woche:
Sonntag, Montag, Mittwoch, Donnerstag und Freitag: Mutter Teresa, Komm, sei mein Licht! Die geheimen Aufzeichnungen der Heiligen von Kalkutta, Pattloch Verlag, München 2007, S. 198, 272, 362, 288 und 257
Dienstag: Auszug aus der Nobelpreisrede 1979
Alle Einträge mit freundlicher Genehmigung des Mother Teresa Center
Samstag: Chiara Lubich, Grenzenlos ist einzig die Liebe: Hundert Worte, hg. von Aldo Steidle, © Verlag Neue Stadt, München 2004, S. 74

48. Woche:
Sonntag: https://www.communio.de/pdf/ueber_communio/balthasar.pdf, S. 10
Montag: Hans Urs von Balthasar, Theologische Besinnung auf das Mysterium des Höllenabstiegs, in: Ders. (Hg.), „Hinabgestiegen in das Reich des Todes". Der Sinn dieses Satzes in Bekenntnis und Lehre, Dichtung und Kunst, Freiburg i. Br. 1982, S. 96
Dienstag: Henri de Lubac: Vom Erkennen Gottes, in: Symposion. Jahrbuch für Philosophie, Band II 1949, Verlag Karl Alber, Freiburg i. Br., S. 236
Mittwoch: Bernhard Welte, Das Licht des Nichts. Von der Möglichkeit neuer religiöser Erfahrung, Patmos Verlag, Düsseldorf 1980, S. 37
Donnerstag: Jürgen Moltmann, Theologie der Hoffnung, Untersuchungen zur Begründung und zu den Konsequenzen einer christlichen Eschatologie, S. 17 © 2005, Gütersloher Verlagshaus, Gütersloh, in der Penguin Random House Verlagsgruppe GmbH
Freitag: Karl Barth: Predigten 1921-1935, hrsg. von Holger Finze. © Theologischer Verlag Zürich 1998, S. 542
Samstag: Für die deutsche Übersetzung: Yves Congar: Der Heilige Geist. Übersetzt von August Berz, © Verlag Herder GmbH, Freiburg i. Br. 1991, S. 75f.

49. Woche:
Sonntag: Thomas Merton, Christliche Kontemplation, © Claudius Verlag, München 2010, S. 24
Montag: Dorothee Sölle, Erinnert auch an den Regenbogen. Texte, die den Himmel auf Erden suchen, Verlag Herder, Freiburg i. Br. 2000, S. 182
Dienstag: Rudolf Otto, Das Heilige. Über das Irrationale in der Idee des Göttlichen und sein Verhältnis zum Rationalen, C.H. Beck Verlag, München 1991, S. 49
Mittwoch: H. M. Enomiya Lassalle, Zen-Meditation für Christen, Otto Wilhelm Barth Verlag, Weilheim 1968, S. 107
Donnerstag: Bede Griffiths: Rückkehr zur Mitte, Kösel Verlag, München 1987, S. 104
Freitag: https://www.bibliothek-david-steindl-rast.ch/bibliothek/texte/texte-von-bruder-david/210-von-eis-zu-wasser-zu-dampf
Samstag: Bettina Bäumer: Henri Le Saux – Abhishiktananda (1910-1973), in: Gerhard Ruhbach / Josef Sudbrack (Hg.), Große Mystiker, C. H. Beck Verlag, München 1984, S. 343

50. Woche:

Sonntag: Karl Rahner: Frömmigkeit heute und morgen. In: Geist und Leben 39 (1966), 326–342, hier S. 335

Montag: Karl Rahner / Hugo Rahner, Worte ins Schweigen - Gebete der Einkehr, Verlag Herder GmbH, Freiburg i. Br., 5. Auflage 1980, S. 34-35

Dienstag: Karl Rahner, Warum lässt uns Gott leiden?, in: ders., Schriften zur Theologie XIV, Benzinger Verlag, Einsiedeln 1980, S. 462-464

Mittwoch: Karl Rahner, Frömmigkeit früher und heute, in: ders., Schriften zur Theologie VII, Benzinger Verlag, Einsiedeln 1966, S. 21

Freitag: Handbuch der Pastoraltheologie III, hg. von Arnold / Klostermann, Verlag Herder GmbH, Freiburg i. Br. 1964, S. 524f

Samstag: Unser Verhältnis zur Kirche, aus: Glaube in winterlicher Zeit. Gespräche mit Karl Rahner aus den letzten Lebensjahren, hg. von Paul Imhof und Hubert Biallowons, Patmos Verlag, Düsseldorf 1986

51. Woche:

Sonntag: Gotteslob – Diözesanteil Mainz, 712, 1. Stichting de Nieuwe Liefde, Kees Kok, L&L

Montag: Gotteslob – Diözesanteil Mainz, 910,1 © Strube Verlag, München

Dienstag: Text: Alois Albrecht, Musik: Peter Janssens. Aus: Ihr seid meine Lieder 1974. Alle Rechte im Peter Janssens Musik Verlag, Telgte-Westfalen

Mittwoch und Donnerstag: Henri Nouwen, Leben hier und jetzt: Jahreslesebuch, Verlag Herder GmbH, Freiburg i. Br., S. 240 und 19

Freitag: Passage aus der 2. Strophe von „Herr, gedenke doch der Namen“ © Strube Verlag, München

Samstag: Steig in das Boot, Neue niederländische Kirchenlieder. Ausgewählt und übertragen von Jürgen Henkys, Berlin 1981, S. 9

52. Woche

Sonntag und Montag: Pierre Claverie, Bischof von Oran, zitiert nach: Iso Baumer, Die Mönche von Tibhirine. Zeugen eines notwendigen Dialogs. Erweiterte und aktualisierte Neuausgabe, © Verlag Neue Stadt, München 2018, S. 68f.

Dienstag: Christian de Chergé OCSO, vgl. Christian Salenson, Den Brunnen tiefer graben. Meditieren mit Christian de Chergé, © Verlag Neue Stadt, München, 5. Auflage 2015, S. 48.

Mittwoch: Frère Luc (Paul Dochier), aus einem Brief vom 28.5.1995, zitiert nach: Iso Baumer, Die Mönche von Tibhirine. Zeugen eines notwendigen Dialogs. Erweiterte und aktualisierte Neuausgabe, © Verlag Neue Stadt, München 2018, S. 160.

Donnerstag: François Xavier Nguyên Van Thuân, Hoffnung, die uns trägt. Übersetzt von Ingrid Stampa, © 2012 Verlag Herder GmbH, Freiburg i. Br., S. 97 (für die deutsche Übersetzung)

Freitag und Samstag: Zitiert nach: André Nguyen Van Chau, François Xavier Nguyen van Thuan. Ein Lebensbild, Verlag Neue Stadt, München, Neuausgabe 2008, S. 200 und 232.

RECHTENACHWEISE FÜR DIE LIEDER

Woche 2: © Verlag Herder GmbH, Freiburg i. Br.
Woche 5: © Arbeitsgemeinschaft Ökumenisches Liedgut (AÖL)
Woche 6: © Verlag Herder GmbH, Freiburg i. Br.
Woche 9: © Verlag Singende Gemeinde Stuttgart
Woche 13: © Friedrich Dörr Rechtenachfolge
Woche 16: © Liturgie- und Gesangbuchkonferenz der evangelisch-reformierten Kirchen der deutschsprachigen Schweiz, Zürich
Woche 20: © Strube Verlag, München
Woche 31: © Strube Verlag, München
Woche 34: © Strube Verlag, München
Woche 35: © Strube Verlag, München
Woche 37: © Strube Verlag, München
Woche 40: © Strube Verlag, München
Woche 41: © Gustav Bosse Verlag/ Bärenreiter-Verlag Karl Vötterle GmbH & Co. KG, Kassel
Woche 43: © Strube Verlag, München
Woche 46: © Evangelischer Sängerbund e.V., Wuppertal
Woche 47: © Strube Verlag, München
Woche 48: mit freundlicher Genehmigung von Thomas Marti; zur Rechtsnachfolge von Arnim Juhre liegen dem Verlag keine Angaben vor
Woche 49: © Strube Verlag, München
Woche 50: © Verlag Herder GmbH, Freiburg i. Br.

BILDNACHWEISE

Woche 1: Maria mit dem Kind. Primaler, *Wikimedia Commons*, lizenziert unter https://en.wikipedia.org/wiki/Public_domain.
Woche 2: Stephanus der Diakon. Matthias Winkelmann, *Wikimedia Commons*, lizenziert unter https://en.wikipedia.org/wiki/Public_domain.
Woche 3: Origenes. Serge Lachinov, *Wikimedia Commons*, lizenziert unter https://en.wikipedia.org/wiki/Public_domain.
Woche 4: Antonius der Große. Mladifilozof, *Wikimedia Commons*, lizenziert unter https://en.wikipedia.org/wiki/Public_domain.
Woche 5: Martin von Tours. Xenophon, *Wikimedia Commons*, lizenziert unter https://en.wikipedia.org/wiki/Public_domain.
Woche 6: Ephräm der Syrer. Dbachmann, *Wikimedia Commons*, lizenziert unter https://en.wikipedia.org/wiki/Public_domain.
Woche 7: Gregor von Nyssa. Testus, *Wikimedia Commons*, lizenziert unter https://en.wikipedia.org/wiki/Public_domain.
Woche 8: Augustinus, Effems, *Wikimedia Commons*, lizenziert unter Creative Commons Attribution-Share Alike 4.0 International.
Woche 9: Benedikt von Nursia. Richard Huber, *Wikimedia Commons*, lizenziert unter Creative Commons Attribution-Share Alike 3.0 Unported.
Woche 10: Dionysius Areopagita. Shakko, *Wikimedia Commons*, lizenziert unter https://en.wikipedia.org/wiki/Public_domain.
Woche 11: Bruno der Karthäuser. Rvalette, *Wikimedia Commons*, lizenziert unter Creative Commons Attribution-Share Alike 4.0 International
Woche 12: Thomas von Aquin. Alonso de Mendoza, *Wikimedia Commons*, lizenziert unter GNU Free Documentation License. http://www.fsf.org/licensing/licenses/fdl.html.
Woche 13: Bernhard von Clairvaux, Netelo, *Wikimedia Commons*, lizenziert unter Creative Commons Attribution-Share Alike 4.0 International license.
Woche 14: Hildegard von Bingen. Tetraktys, *Wikimedia, Commons*, lizenziert unter https://en.wikipedia.org/wiki/Public_domain.
Woche 15: Gertrud von Helfta. Andreas Praefcke, *Wikimedia Commons*, lizenziert unter © Andreas Praefcke / CC BY-SA 3.0.
Woche 16: Franz von Assisi. Dencey, *Wikimedia Commons*, lizenziert unter https://en.wikipedia.org/wiki/Public_domain.
Woche 17: Meister Eckhart. Raymond, *Wikimedia Commons*, lizenziert unter © Raimond Spekking / CC BY-SA 4.0.
Woche 18: Johannes Tauler. Ji-Elle, *Wikimedia Commons*, lizenziert unter GNU Free Documentation License. https://commons.wikimedia.org/wiki/Commons:GNU_Free_Documentation_License,_version_1.2
Woche 19: Thomas von Kempen. Joachim Specht, *Wikimedia Commons*, lizenziert unter https://en.wikipedia.org/wiki/Public_domain.
Woche 20: Caterina von Siena. BrooklynMuseumBot, *Wikimedia Commons*, lizenziert unter https://en.wikipedia.org/wiki/Public_domain.
Woche 21: Birgitta von Schweden. Beao, *Wikimedia Commons*, lizenziert unter https://en.wikipedia.org/wiki/Public_domain.
Woche 22: Nikolaus von Kues. Kimsaka, *Wikimedia Commons*, lizenziert unter https://en.wikipedia.org/wiki/Public_domain.
Woche 23: Martin Luther. Sergio Andres Segovia, *Wikimedia Commons*, lizenziert unter https://en.wikipedia.org/wiki/Public_domain.

Woche 24: Ignatius von Loyola. J. Marneffe, Vera effigies Sancti Ignatii, seit 1980 im Besitz der südbelgischen Provinz der Gesellschaft Jesu, Brüssel, © SJ-Bild.
Woche 25: Teresa von Ávila. Spartanbu, *Wikimedia Commons,* lizenziert unter https://en.wikipedia.org/wiki/Public_domain.
Woche 26: Johannes vom Kreuz. Paklao, *Wikimedia Commons,* lizenziert unter https://en.wikipedia.org/wiki/Public_domain.
Woche 27: Angelus Silesius. Alfonsderra, *Wikimedia Commons,* lizenziert unter https://en.wikipedia.org/wiki/Public_domain.
Woche 28: Friedrich Spee. Joachim Schäfer – Ökumenisches Heiligenlexikon, lizenziert unter https://en.wikipedia.org/wiki/Public_domain.
Woche 29: Franz von Sales. Selbymay, *Wikimedia Commons,* lizenziert unter Creative Commons Attribution-Share Alike 3.0 Unported license.
Woche 30: Blaise Pascal. Fæ, *Wikimedia Commons,* lizenziert unter Creative Commons Attribution 4.0 International license.
Woche 31: Sören Kierkegaard. Meisam, *Wikimedia Commons,* lizenziert unter https://en.wikipedia.org/wiki/Public_domain.
Woche 32: John Henry Newman. Dcoetzee, *Wikimedia Commons,* lizenziert unter https://en.wikipedia.org/wiki/Public_domain.
Woche 33: Thérèse von Lisieux. Parpan05, *Wikimedia Commons,* lizenziert unter https://en.wikipedia.org/wiki/Public_domain.
Woche 34: Charles de Foucauld. Gabriel Sozzi, *Wikimedia Commons,* lizenziert unter https://en.wikipedia.org/wiki/Public_domain.
Woche 35: Albert Schweitzer. Jbarta, *Wikimedia Commons,* lizenziert unter https://creativecommons.org/licenses/by-sa/3.0/de/deed.en Attribution: Bundesarchiv, Bild 183-D0116-0041-019 / Unknown / CC-BY-SA 3.0.
Woche 36: Edith Stein. Gabriel Sozzi, *Wikimedia Commons,* lizenziert unter https://en.wikipedia.org/wiki/Public_domain.
Woche 37: Simone Weil. Kusamura N, *Wikimedia Commons,* lizenziert unter https://en.wikipedia.org/wiki/Public_domain.
Woche 38: Dietrich Bonhoeffer. Wissen911, *Wikimedia Commons,* lizenziert unter Creative Commons Attribution-Share Alike 3.0 Unported license.
Woche 39: Sophie Scholl. Waterborough, *Wikimedia Commons,* lizenziert unter https://en.wikipedia.org/wiki/Public_domain.
Woche 40: Dag Hammarskjöld. Pieter Kuiper, *Wikimedia Commons,* lizenziert unter https://en.wikipedia.org/wiki/Public_domain.
Woche 41: Madeleine Delbrêl. Chabe01, *Wikimedia Commons,* lizenziert unter Creative Commons Attribution-Share Alike 4.0 International license.
Woche 42: Romano Guardini. Rabanus Flavus, *Wikimedia Commons,* lizenziert unter: https://en.wikipedia.org/wiki/Public_domain.
Woche 43: Johannes XXIII. / Paul VI.
Bild 43a: Hazhk, *Wikimedia Commons,* lizenziert unter Creative Commons CC0 1.0 Universal Public Domain Dedication.
Bild 43b: KOKUYO, *Wikimedia Commons,* lizenziert unter Law for the Protection of Copyright and Neighbouring Rights n.633, 22 April 1941
Woche 44: Johannes Paul II. / Benedikt XVI. Raymond, *Wikimedia Commons,* Attribution: © Raimond Spekking / CC BY-SA 4.0 (via Wikimedia Commons). Lizensiert unter Creative Commons Attribution-Share Alike 4.0 International license.

Woche 45: Roger Schutz. HerrAdams, *Wikimedia Commons*, Attribution: Bundesarchiv, B 145 Bild-F043918-0009 / Detlef Gräfingholt. Lizensiert unter Creative Commons Attribution-Share Alike 3.0 Germany license.
Woche 46: Hélder Câmara. Materialscientist, *Wikimedia Commons*, lizenziert unter: Creative Commons Attribution-Share Alike 3.0 Netherlands, https://creativecommons.org/licenses/by-sa/3.0/nl/deed.en
Woche 47: Mutter Teresa. Manfredo Ferrari, *Wikimedia Commons*, lizenziert unter Creative Commons Attribution-Share Alike 4.0 International license.
Woche 48: Hans Urs von Balthasar. Thomasjacobi, *Wikimedia Commons*, lizenziert unter Creative Commons Attribution-Share Alike 4.0 International license.
Woche 49: Thomas Merton. Mind meal~commonswiki, *Wikimedia Commons*, lizenziert unter Creative Commons Attribution 2.0 Generic license.
Woche 50: Karl Rahner. Lambiotte, *Wikimedia Commons*, lizenziert unter Creative Commons Attribution-Share Alike 4.0 International license.
Woche 51: Huub Oosterhuis, Mr.Nostalgic, *Wikimedia Commons*, lizenziert unter Creative Commons CC0 1.0 Universal Public Domain Dedication. https://creativecommons.org/publicdomain/zero/1.0/deed.en.
Woche 52: Pierre Claverie. Donna Nobot, *Wikimedia Commons*, lizenziert unter Creative Commons Attribution-Share Alike 4.0 International license.
Woche 53: Jesus von Nazareth. Jan Arkesteijn, *Wikimedia Commons*, lizenziert unter https://en.wikipedia.org/wiki/Public_domain.

Der Umwelt zuliebe verzichten wir bei diesem Buch auf Folienverpackung.

Bibliografische Information der Deutschen Nationalbibliothek

Die Deutsche Nationalbibliothek verzeichnet diese Publikation in der Deutschen Nationalbibliografie; detaillierte bibliografische Daten sind im Internet über http://dnb.d-nb.de abrufbar.

1. Auflage 2023

www.echter.de
Gestaltung: Michael Gröters
Druck und Bindung: Friedrich Pustet, Regensburg
ISBN 978-3-429-05810-4